马克思主义简明读本

# 解放思想

丛书主编：韩喜平
本书著者：王春荣



吉林出版集团股份有限公司

图书在版编目（CIP）数据

解放思想 / 王春荣著. -- 长春：吉林出版集团股份有限公司，2014.4
（2021.2重印）
（马克思主义简明读本）

ISBN 978-7-5534-2600-6

Ⅰ. ①解… Ⅱ. ①王… Ⅲ. ①社会主义建设模式－研究－中国 Ⅳ. ①D616

中国版本图书馆CIP数据核字（2013）第174378号

**解放思想**
JIEFANG SIXIANG

丛书主编：韩喜平
本书著者：王春荣
项目策划：周海英　耿　宏
项目负责：周海英　耿　宏　宫志伟
责任编辑：矫黎晗
出　　版：吉林出版集团股份有限公司
发　　行：吉林出版集团社科图书有限公司
电　　话：0431-81629720
印　　刷：永清县晔盛亚胶印有限公司
开　　本：710mm × 960mm 1/16
字　　数：100千字
印　　张：12
版　　次：2014年4月第1版
印　　次：2021年2月第4次印刷
书　　号：ISBN 978-7-5534-2600-6
定　　价：36.00元

# 序　言

习近平总书记指出，青年最富有朝气、最富有梦想，青年兴则国家兴，青年强则国家强。青年是民族的未来，“中国梦”是我们的，更是青年一代的，实现中华民族伟大复兴的“中国梦”需要依靠广大青年的不断努力。

要提高青年人的理论素养。理论是科学化、系统化、观念化的复杂知识体系，也是认识问题、分析问题、解决问题的思想方法和工作方法。青年正处于世界观、方法论形成的关键时期，特别是在知识爆炸、文化快餐消费盛行的今天，如果能够静下心来学习一点理论知识，对于提高他们分析问题、辨别是非的能力有着很大的帮助。

要提高青年人的政治理论素养。青年是祖国的未来，是社会主义的建设者和接班人。党的十八大报告指出，回首近代以来中国波澜壮阔的历史，展望中华民族充满希望的未来，我们得出一个坚定的结论——实现中华民族伟大复兴，必须坚定不移地走中国特色社会主义道路。要建立青年人对中国特色社会主义的道路自信、理论自信、制度自信，就必须要对他们进行马克思主义理论教育，特别是中国特色社会主义理论体系教育。

要提高青年人的创新能力。创新是推动民族进步和社会发展的不竭动力，培养青年人的创新能力是全社会的重要职责。但创新从来都是继承与发展的统一，它需要知识的积淀，需要理论素养的提升。马克思主义理论是人类社会最为重大的理论创新，系统地学习马克思主义理论有助于青年人创新能力的提升。

要培养青年人的远大志向。“一个民族只有拥有那些关注天空的人，这个民族才有希望。如果一个民族只是关心眼下脚下的事情，这个民族是没有未来的。”马克思主义是关注人类自由与解放的理论，是胸怀世界、关注人类的理论，青年人志存高远，奋发有为，应该学会用马克思主义理论武装自己，胸怀世界，关注人类。

正是基于以上几点考虑，我们编写了这套《马克思主义简明读本》系列丛书，以便更全面地展示马克思主义理论基础知识。希望青年朋友们通过学习，能够切实收到成效。

韩喜平

2013年8月

# 目　录

# 引　言

解放思想，是指在马克思主义指导下打破习惯势力和主观偏见的束缚，研究新情况，解决新问题。

解放思想必须坚持以马克思主义为指导，而不是背离马克思主义的胡思乱想；同时必须敢于面对新情况、新问题，把实践作为最高权威，不做习惯势力和主观偏见的奴隶。

解放思想是邓小平理论的哲学基础，它不是一个抽象空洞的哲学命题，而是以建设有中国特色社会主义和现代化建设为对象，是由实践到认识乃至理论的科学思想体系。

改革开放以来的30多年，是各种观念冲撞嬗变的30多年，是思想解放的30多年。波澜壮阔的改革开放大潮，以不可遏制的力量洗刷着中国不合时宜的旧体制与旧机制，迅速改变了中国的面貌、中国人民的面貌和党的面貌。而发生这一翻天覆地变化的根本原因之一，就在于一次次的思想解放和观念更新，它引导着中国人民开辟出一条具有中国特色的社会主义伟大道路，创造出经济社会发展的辉煌成就。

中国共产党在建国后经历了三次大的思想解放。这三次思想解放都起到了拨乱反正的作用，都成为了我国改革开放中具有里程碑意义的事件。

第一次思想大解放始于1978年。一篇名为《实践是检验真理的唯一标准》的文章打破“两个凡是”神话，为第一次思想大解放拉开序幕。这次思想解放从哲学理念上进行突破，它冲破“两个凡是”的束缚，打破个人崇拜，是思想观念的更新。

第二次思想大解放始于1992年。邓小平南方谈话提出“三个有利于”标准，触动姓“社”姓“资”问题。这次思想大解放从经济领域进行突破，它冲破姓“社”姓“资”的束缚，打破计划经济崇拜，为初步建立社会主义市场经济体制奠定了思想基础。

第三次思想大解放始于1997年，这次思想解放也发生在经济领域，重点在于体制创新。江泽民为“公”、“私”定论，打破了所有制上的公有崇拜，将改革开放推向纵深。

解放思想是发展中国特色社会主义的一大法宝。这是深刻总结我国社会主义建设经验得出的正确结论。

当前，三次思想大解放已经成为历史，中国特色社会主义建设事业和现代化建设已经进入了新的历史阶段。当我们的经济体制改革走向深入，当社会矛盾不断显现，当政治体制改革提上日程，我们是否需要新的一次思想解放？

当前我们面临的问题既涉及经济问题也包含政治问题；既涉及社会问题更包含民生问题。所以，我们今天在解放思想上所面临的形势将更为复杂；解放思想与改革开放的难度无疑会更大、更高。思想解放应该从哪里入手？改革路径应该如何选择？这一切，是我们回望30多年的思想解放历程后，需要认真思考并加以解决的问题。

# 第一章　什么是解放思想

## 第一节　如何理解解放思想

什么是解放思想呢？邓小平指出，“我们讲解放思想，是指在马克思主义指导下打破习惯势力和主观偏见的束缚，研究新情况，解决新问题”。使思想观念冲破旧习惯势力的禁锢和束缚，把主观世界的思维意识与变化了的客观实际结合起来，克服那些不符合实际的“习惯思维”和“主观偏见”，用发展变化的观点创造性地改造客观世界。

解放思想必须坚持以马克思主义为指导，而不是背离马克思主义的胡思乱想；同时必须敢于面对新情况新问题，把实践作为最高权威，不做习惯势力和主观偏见的奴隶。

解放思想通常有两种情况：一是对原先认识的再认识，

这其中既有对原先认识中那些正确部分的坚持，也有对原先认识中错误部分的纠正；二是在研究新情况、解决新问题、总结新经验的基础上，形成新的正确认识。

邓小平理论的哲学基础即是解放思想、实事求是。解放思想不是一个抽象空洞的哲学命题，而是以现代化建设和中国特色社会主义建设为对象，是由实践到客观认识乃至科学理论的伟大思想体系。它不仅具有丰富的哲学思想性和文化性，更重要的是具有高度的指导性和实践性，从实践到认识，从认识再到实践的整个过程，自始至终都贯穿着马克思主义的方法、立场和观点。

解放思想，实事求是之间是辩证统一的关系，解放思想是实事求是的前提与基础，实事求是是解放思想的本质要求，二者相互促进、相互统一。从本质上讲，解放思想与实事求是是一致的。要想做到实事求是，必须首先解放思想；要想真正解放思想，也必须坚持实事求是。二者的辩证统一关系要求我们必须把主观认识同客观实际相结合相统一，才能站在马克思主义科学的世界观和方法论的立场上准确地把握客观实际，联系实际制定正确的指导思想、经济目标和改革方向与步骤，克服工作中的盲目性，增强主动性，不断正确认识新情况，找到新途径，解决新问题，开创二者相互统一、相互结合的新局面。马克思主义辩证法认为：客观存在决定主观意识，主观意识对客观存在具有能动作用。我们可以通过把握客观存在的内部规律性，指导我们正确认识和改造客观世界。

我们倡导的解放思想，实事求是，一方面要改造我们的主观世界，提高自身的觉悟和素质，使我们的思想观念冲破旧习惯、旧势力的禁锢和束缚，把主观世界的思维意识与变化了的客观实际结合起来，克服那些不符合实际的“习惯思维”和“主观偏见”，用辩证发展的态度创造性地改造客观世界。另一方面，解放思想要着力于探索和解决改革开放和现代化建设的深层次问题，不能脱离这个实际去空谈。解放思想如果没有具体的形式和内容就会成为一句空话，这本身就违背了实事求是的态度，解放思想也就失去了应有的意义，就会犯历史性的错误，贻误良好的发展机遇。

马克思主义是发展着的科学。对于解放思想，在不同时期党的领导人都有过精辟的论述和强调。

## 一、毛泽东对于解放思想的论述

毛泽东对于解放思想的论述和强调，大致经历了四个阶段。

从1927年八七会议到1935年遵义会议前，是毛泽东解放思想观点形成和初步阐发时期。

在总结第一次国内革命战争失败教训的过程中，在根据马克思主义基本原理探索中国革命道路的实践过程中，毛泽东提出并阐述了解放思想问题，力图使全党对中国革命道路的思考方式从本本主义转向实践和实事求是。具体地说，主要提出了以下思想观点：

适应大革命失败后军队建设和党的建设的需要，提出用无产阶级思想克服红军党内存在的浓厚的非无产阶级思想的任务和方法，特别是对主观主义思想方法进行了深刻的批判，提出了通过理论上的马克思主义学习和实践上的调查研究来克服主观主义的途径。

提出了“不唯书，不唯上，只唯实”的唯物主义思想和“没有调查就没有发言权”的著名论断，要求全党从迷信

“上级”、本本主义的思想束缚中解放出来，独立自主地探索中国新民主主义革命的道路。他说，“以为上了书的就是对的”，这是落后的农民意识；认为上级领导机关的指示必然正确，这是迷信上级的形式主义态度；以为党的决议完美无缺，不需作任何改进和发展，这“完全不是共产党人从斗争中创造新局面的思想路线”，而是一种“安于现状”的保守路线。毛泽东坚信，中国革命斗争的胜利要靠中国同志了解中国情况。

从遵义会议到《实践论》、《矛盾论》的写作，是毛泽东解放思想观点的深化和理论化时期。

在全面总结第一、第二次国内革命战争经验教训的基础上，在探索中国革命道路过程中，毛泽东从理论上更加深刻地阐述了解放思想问题，提出了以下值得注意的思想观点：

把解放思想作为哲学理论的主题。在《矛盾论》中，毛泽东指出，我们现在的哲学研究工作，应当以扫除教条主义思想为主要的目标。由此，马克思主义认识论和辩证法作为伟大的认识工具被提到哲学理论的首位。

从哲学认识论和辩证法的高度揭露了当时党内广泛存在

的经验主义，特别是披着马列主义外衣的教条主义的唯心主义和形而上学实质，指出它们都是以主观和客观相分裂，以认识和实践相脱离为特征的。

从马克思主义认识论和辩证法的高度阐述了解放思想的必然性，指出从实践到认识，再从认识到实践的矛盾运动和永恒发展，从而指出人们要不断解放思想，才能使主观认识与不断变化着的客观实际相互统一、相互一致。

强调实践是衡量人们思想是否解放、主观认识是否符合客观实际的根本标准。

这一时期毛泽东关于解放思想的论述的显著特点是：从前一时期具体的实践层面上升到哲学理论层面，着重阐述了解放思想的哲学根据，标志着解放思想理论的形成。

延安整风时期，是毛泽东解放思想理论的系统化阶段。

这一时期，毛泽东把解放思想作为全党的一项重大的理论任务和紧迫的实践任务。毛泽东认为，在党内长期存在的“左”倾机会主义路线的深刻思想根源是以教条主义为主要形式的主观主义。只有彻底地批判和纠正主观主义，才能真正地坚持实事求是的思想路线和工作作风。为此，他号召在党内发动一个启蒙运动，目的是使党内同志的思想从主观主义和本本主义的蒙蔽中解放出来。

把整顿党的作风作为解放思想的突破口。轰轰烈烈的延安整风运动，使解放思想具有了可操作的具体形式：提出解放思想的基本要求是放下包袱，开动机器，勇于思考。在《学习和时局》中，毛泽东指出，为了争取新的胜利，要在党的干部中间提倡放下包袱和开动机器。

把衡量思想是否解放、认识是否正确的实践标准具体化为生产力标准。

20世纪50年代后期至60年代初的社会主义建设时期，毛泽东在总结其他社会主义国家的经验教训、探索我国的社会主义建设道路过程中，从理论到实践都对解放思想理论进行了发展。

首先，毛泽东分析了我国社会主义社会的主要矛盾和根本任务，从中阐述出解放思想的历史必然性。他指出，社会主义三大改造完成后，我国社会主义社会的主要矛盾已经从资产阶级和无产阶级之间的矛盾转变为落后的社会生产与人民需求之间的矛盾，党和国家的主要任务也由阶级革命转变为社会主义经济建设。新的实践任务和新的历史条件要求人们解放思想，转变观念，大胆探索，探索社会主义建设的新规律。

通过对全党思想状况的正确分析，毛泽东指明了解放思想的重要性。毛泽东指出，面对社会主义建设的新形势和新任务，许多党员干部“心中无数”，仍然沿用着革命战争年代的旧的工作经验和方法来解决社会主义建设中的新问题。这表明了新的历史时期解放思想的重要性和紧迫性。

毛泽东同时强调，解放思想的根本途径是调查研究和宣传、普及辩证法。毛泽东指出，人们之所以在实际工作中犯错误，根本原因就是脱离客观实际和不懂科学的思想方法。因此他一方面号召党员干部要大兴调查研究之风，深入群众和基层；另一方面更强调学习和掌握辩证法的重要性，要求全党“照辩证法办事”，并提出要创造条件使马克思主义辩证法从哲学家的书斋里走出来，走到广大人民群众中间去。

毛泽东这一时期解放思想理论的特点是：把解放思想的矛头主要指向教条主义，反对照搬照抄苏联经验，并提出要把解放思想与探索中国的社会主义建设道路结合起来。因此，解放思想既是毛泽东社会主义建设理论的重要内容，又是其理论基础和方法论前提。

## 二、邓小平对于解放思想的论述

邓小平作为改革开放的总设计师和中国共产党第二代领导核心，对于解放思想作出了明确的强调和论述。

邓小平对解放思想理论的贡献主要体现在如下方面：

第一，邓小平阐述了解放思想的重要性。他强调，解放思想，是一个关系到党和国家前途和命运的大问题。在邓小平看来，“一个党，一个国家，一个民族如果一切从本本出发，思想僵化，迷信盛行，那它就不能前进，它的生机就停止了，就要亡党亡国”。所以，“不打破思想僵化，不大大解放干部和群众的思想，四个现代化就没有希望”。

邓小平同时强调，只有解放思想，才能解决过去遗留的问题和当时新出现的问题。“文化大革命”结束以后，留下许多有待解决的历史遗留问题。而要想解决这些问题，墨守成规，沿用过去教条主义方法是不行的，必须解放思想。同时，只有解放思想，才能正确解决当时社会主义建设过程中出现的各种新问题。只有解放思想，人们才能敢想、敢干、敢闯。如果迷信思想得不到解放，思想僵化，人们就会因循守旧，安于现状，就会不愿意动脑筋，不愿独立思考，不求发展，不求进步。显然，这些对现代化建设都是极其不利的。“干革命，搞建设，都要有一批勇于思考、勇于探索、勇于创新的闯将。

第二，邓小平科学地解释了解放思想的内涵。什么是解放思想呢？针对当时的历史情况，邓小平科学地注释了解放思想的内涵。

解放思想，是指在马克思主义指导下打破习惯势力和主观偏见的束缚，研究新情况，解决新问题。这里，邓小平主要强调了这样几层含义：首先，解放思想的前提是必须以马克思主义为指导；其次，解放思想就要打破习惯势力和主观偏见的束缚；再次，解放思想就是使思想和实际相符合，使主观和客观相符合，就是实事求是。解放思想不是“头脑发热”，更不是胡思乱想，解放思想是要把思想解放到实际中去，要使思想和实际相符合，主观和客观相符合。说到底，就是实事求是。运用马克思主义的基本原理，研究新情况，解决新问题，使思想符合新情况，从而使思想与时俱进，符合变化了的实际，达到解决新问题的目的。

第三，邓小平科学阐述了解放思想与实事求是的辩证关系。邓小平把解放思想和实事求是统一起来。他指出，“解放思想，开动脑筋，实事求是，团结一致向前看，首先是解放思想。只有思想解放了，我们才能正确地以马列主义、毛泽东思想为指导，解决过去遗留的问题，解决新出现的一系列问题，正确地改革同生产力迅速发展不相适应的生产关系和上层建筑，根据我国的实际情况，确定实现四个现代化的具体道路、方针、方法和措施”。“只有解放思想，坚持实事求是，一切从实际出发，理论联系实际，我们的社会主义现代化建设才能顺利进行，我们党的马列主义、毛泽东思想的理论也才能顺利发展。从这个意义上说，关于真理标准问题的争论，的确是个思想路线问题，是个政治问题，是个关系到党和国家的前途和命运的问题。在党内和人民群众中，肯动脑筋、肯想问题的人愈多，对我们的事业就愈有利。”

在邓小平看来，解放思想与实事求是的辩证统一关系主要体现在如下几个方面：首先，只有做到解放思想，才能做到实事求是。邓小平说：“只有思想解放了，我们才能正确地以马列主义、毛泽东思想为指导，解决过去遗留的问题，解决新出现的一系列问题，正确地改革同生产力迅速发展不相适应的生产关系和上层建筑，根据我国的实际情况，确定实现四个现代化的具体道路、方针、方法和措施。”其次，只有坚持实事求是，才能真正做到解放思想。实事求是是解放思想的目的和归结。解放思想并不是提倡胡思乱想，而是为了达到主观思想和客观实践、理论和实际的具体的、历史的统一；解放思想必须以实事求是为必须遵循的原则。解放思想，必须以马克思主义为指导，以客观事实为基础，以实践作为检验真理的唯一标准；实事求是也是解放思想的内容，邓小平说：“解放思想，就是使思想和实际相符合，使主观和客观相符合，就是实事求是。”总之，解放思想与实事求是之间，是相互一致、辩证统一的关系。其目的都是要使我们的思想认识和客观实际相符合，探索出一条真正适合中国国情的社会主义建设道路。

## 三、江泽民对于解放思想的论述

世纪之交，江泽民继续高举解放思想的大旗，对“解放思想”作出了新的贡献。他不仅冲破了改革开放过程中一个又一个的思想理论障碍和实际困难，而且把邓小平提出的“解放思想”发展到了新的高度。

第一，江泽民重申了解放思想的重要性。邓小平曾多次论述解放思想的重要性，指出“解放思想没有止境”。在新的历史条件下，江泽民对此进行了非常深刻的理解，在不同场合对解放思想的重要性多次强调，并对之进行了新的理论阐述。他不仅阐述了在新的历史条件下解放思想对社会主义现代化建设的重要作用，并且进一步指出了解放思想的长期性。在中央党校发表重要讲话时江泽民指出：解放思想是一个法宝，是一个帮助我们在思想上和工作上永远保持蓬勃生机和活力的法宝，必须伴随建设和改革长期坚持下去。在庆祝建党80周年的“七一”讲话中，他再次强调：“解放思想、实事求是，是引导社会前进的强大力量。”江泽民不仅看到了解放思想在我国社会主义现代化建设中的重要作用，同时也看到了它在整个人类社会发展中的巨大引导作用。

第二，江泽民对解放思想的内涵作了新的总结和概括。在庆祝建党80周年的“七一”讲话中，江泽民为解放思想的内涵作了新的概括和总结。他说："要坚持'实践是检验真理的唯一标准'，在党的基本理论指导下，一切从实际出发，自觉地把思想认识从那些不合时宜的观念、做法和体制中解放出来，从对马克思主义的错误的和教条式的理解中解放出来，从主观主义和形而上学的桎梏中解放出来。"在十六大报告中，江泽民再次肯定了这一阐述。江泽民所说的三个"解放出来"，实际上就是在新的历史条件下，对解放思想的内涵所作的新的概括和阐释。他所说的把握"时代发展的脉搏"，实际上就是指要求人们要自觉地把思想认识从那些不合时宜的观念、做法和体制中解放出来。

第三，江泽民提出"与时俱进"，把"与时俱进"与解放思想联系起来，赋予解放思想以更深刻的内涵。江泽民指出，与时俱进是解放思想的根本目的。在党的十五届五中全会上，他指出："解放思想、实事求是的目的，就是为了使我们党和国家的事业不断适应国情与时代、形势与任务的要求而向前发展，始终兴旺发达。"这里，江泽民实际上已经指出了"解放思想、实事求是"的目的，就是使党和国家的事业"与时俱进"。

“与时俱进”是解放思想的客观要求。江泽民指出：“时代在进步，实践在深化，我们对客观世界的认识也要不断前进，我们对马克思主义基本原理的运用也要不断发展。这是我们贯彻解放思想、实事求是思想路线的根本要求，也是我们推进一切事业发展的根本方法。”也就是说，要想坚持解放思想、实事求是，就必须要坚持与时俱进的态度。“与时俱进、开拓创新”和“解放思想、实事求是”都是马克思主义“活的灵魂”。江泽民指出：“解放思想，实事求是，与时俱进，开拓创新，是马克思主义活的灵魂，也是我们认识新事物、适应新形势、完成新任务的根本思想武器。”这里，江泽民首次把“与时俱进”与“解放思想、实事求是”放在一起，演绎出马克思主义的“活的灵魂”。马克思主义“活的灵魂”就是“解放思想、实事求是”和“与时俱进”，因此，我们坚持马克思主义的科学理论，坚持以马克思主义为指导进行我们的社会主义建设与改革开放道路的探索，就既要坚持解放思想、实事求是，同时也要坚持与时俱进、开拓创新。

和解放思想、实事求是一样，能否坚持马克思主义与时俱进的理论品质也是关系到中国社会主义建设和改革开放的前途和命运的大问题。邓小平曾几次强调：能否解放思想，决定着我们党、国家和民族的前途与命运。而在世纪之交、新的历史发展阶段中，在我们的党和国家面临着新的历史任务的条件下，江泽民根据变化了的国际国内形势，强调了“与时俱进”的重要性。他指出：“坚持解放思想、实事求是的思想路线，弘扬与时俱进的精神，是党在长期执政条件下保持先进性和创造力的决定性因素。我们党能否始终做到这一点，决定着中国的发展前途和命运。”

第四，江泽民把解放思想和统一思想联系起来。“解放思想、实事求是，最重要的就是要在坚持社会主义基本制度的前提下，把过去那些不符合社会主义初级阶段实际的方针政策，那些对马克思主义、社会主义原则的教条式的理解和认识，坚决纠正过来，并从这些不正确的政策和思想束缚中彻底摆脱出来，使我们的理论和路线方针政策真正符合社会主义初级阶段的发展要求，真正符合马克思主义、社会主义的基本原理。这就是十一届三中全会重新确立党的马克思主义思想路线的重大意义之所在。”

从我们党的发展里程中我们可以清晰地看到解放思想和统一思想的内在联系，我们党的每一次思想的大解放，都促使解放思想与实事求是相一致，进而也都使全党在新的认识基础上实现了思想上的统一。延安整风是新民主主义时期党的一次成功的思想解放运动。这次整风使全党突破了对苏联经验和共产国际决议的迷信，从对马克思主义的教条主义理解中解放出来，在实事求是的基础上，使马克思主义与中国实际相结合的产物——毛泽东思想成为新民主主义革命的指导思想，从而保证了我国新民主主义革命的胜利。而党的十一届三中全会又再次演绎了解放思想和统一思想的重大作用。以“实践是检验真理的唯一标准”为内容的真理标准大讨论促使广大党员干部和群众摆脱了“文革”中旧的思想观念的禁锢，实现了又一次的思想大解放，最终使全党和全国人民的思想统一到走改革开放道路和探索有中国特色社会主义现代化建设道路上来。可见，解放思想必然要求统一思想，解放思想必须统一思想。如果不能统一思想，广大干部群众就不能理解和掌握中国特色社会主义理论的最新成果，马克思主义的精神力量就不能变为巨大的物质力量。以统一思想来促进解放思想，在解放思想的基础上统一思想，二者循环往复，不断递进，这才是马克思主义认识论的科学的和完整的发展过程。

## 四、胡锦涛对于解放思想的论述

在改革开放的新时期，胡锦涛继续强调解放思想的重要性。

胡锦涛指出："解放思想，是党的思想路线的本质要求，是我们应对前进道路上各种新情况、新问题、不断开创事业新局面的一大法宝。"

"解放思想是发展中国特色社会主义的一大法宝，改革开放是发展中国特色社会主义的强大动力。"

"实践永无止境，创新永无止境。全党同志要倍加珍惜、长期坚持和不断发展党历经艰辛开创的中国特色社会主义道路和中国特色社会主义理论体系，坚持解放思想，实事求是，与时俱进，勇于变革，勇于创新，永不僵化，永不停滞，不为任何风险所惧，不被任何干扰所惑，使中国特色社会主义道路越走越宽广，让当代中国马克思主义放射出更加灿烂的真理光芒。”

“解放思想，是党的思想路线的本质要求，是我们应对前进道路上各种新情况新问题、不断开创事业新局面的一大法宝，必须坚定不移地加以坚持。改革开放，是解放和发展社会生产力、不断创新充满活力的体制、机制的必然要求，是发展中国特色社会主义的强大动力，必须坚定不移地加以推进。科学发展，社会和谐，是发展中国特色社会主义的基本要求，是实现经济社会又好又快发展的内在需要，必须坚定不移地加以落实。全面建设小康社会，是我们党和国家到2020年的奋斗目标，是全国各族人民根本利益所在，必须坚定不移地为之奋斗。做到这四个坚定不移，对保持党和国家事业顺利发展的大局至关重要。”

胡锦涛在强调解放思想、实事求是、与时俱进的同时，也强调必须大力弘扬求真务实精神，大兴求真务实之风。他说，越是形势好，越是群众加快发展的积极性高，越要坚持求真务实，越要保持清醒的头脑，越要坚持好工作作风。在2004年的一次讲话中，他把求真务实提高到“辩证唯物主义和历史唯物主义一以贯之的科学精神、党的优良传统和共产党人应该具备的政治品格”的高度。

## 第二节　为什么要提出解放思想

思想解放在中国近现代史中有着格外醒目的意义。在新中国建立之前，中国思想界就经历了两次大的思想解放运动。第一次是五四运动。20世纪是中国走向近代文明的转折点。经过1840年鸦片战争的硝烟，中国由封建社会走向半殖民地半封建社会。帝国主义列强的侵略欺凌，封建反动统治者的腐败无能，使国家日渐濒临灭亡边缘。为了救国救民，先进的中国人开始从西方引入近代文明。经过维新变法和辛亥革命，到了包括新文化运动在内的五四运动时期，以民主和科学为代表的西方近代文明同以孔孟之道为代表的中国古代文明发生激烈冲撞，在中国造成了空前的思想解放。这次思想解放的特点，是冲破封建罗网，使鸦片战争时期林则徐、魏源等启蒙思想家为引进西方近代文明而提出的“睁眼看世界”变成较为普遍认同的思想观念，从而使上世纪末由维新变法掀起的思想解放浪潮更加波澜壮阔、汹涌澎湃，成为20世纪中国的第一次巨大的思想解放运动。

对以中国共产党为主体的现代史来说，又一次思想解放运动是20世纪40年代中国共产党在延安开展的整风运动。从思想路线上说，延安整风运动破除了以苏共和共产国际的是非为是非、以斯大林的是非为是非的真理标准观，批判严重脱离中国实际的教条主义、主观主义，确立了马克思列宁主义与中国实际相结合的指导思想及其正确的政治路线，实际上是对西方近代文明冲击中国社会后在中国共产党内的情况进行整合，让代表西方近代文明的社会科学理论的最高成就在中国这块古老的大地上生根开花、健康成长，因而对于中国共产党人也是一次伟大的思想解放运动。经过这次思想解放运动，中国共产党实现了马克思主义与中国实际相结合的第一次历史性飞跃，明确了第一个伟大理论成果毛泽东思想的指导地位，从而为后来中国共产党领导中国革命取得的一系列伟大胜利奠定了思想理论基础。在一定意义上可以说，没有延安整风运动的思想解放，就不可能有抗日战争和解放战争的胜利，不可能在20世纪40年代末建立新中国和在50年代中期建立社会主义基本制度。也就是说，没有延安整风运动的思想解放，就不可能有中国共产党领导的第一次伟大革命的胜利。

解放思想是党的基本路线的本质要求，如果不解放思想，就不可能做到实事求是。回顾中国共产党的奋斗历程，特别是改革开放以来的历程，我们在实践中的每一个重大发展，理论上的每一个重大突破，工作中的每一个重大进步，都是解放思想的结果。如果说1978年邓小平发表的题为《解放思想，实事求是，团结一致向前看》的文章是在“文化大革命”结束以后，在中国面临走哪条路、向何处去的重大历史选择，冲破“两个凡是”的思想禁锢和思想僵化状态，开辟新时期、新道路、开创建设中国特色社会主义新理论的宣言书的话，那么，1992年年初他发表的南方谈话，则是在国际共产主义运动面临严峻考验，我国社会主义制度面临前所未有的危机的重大历史关头，坚持十一届三中全会以来的党的方针和路线，深刻回答长期困惑人们的许多重大认识问题，把改革开放和社会主义现代化建设推进到历史新阶段的又一个宣言书，正是经过了这个时期的不断解放，实事求是的权威才重新确立了起来，改革开放才取得了重大的胜利。

以邓小平理论的形成为标志，中国特色社会主义理论体系开始产生。

进入21世纪，我们又面临着改革开放的新形势和新任务，江泽民进一步强调解放思想。他在2001年7月庆祝中国共产党成立80周年大会的讲话中指出："社会实践是不断发展的，我们的思想认识也应不断前进，应勇于和善于根据实践的要求进行创新。"2002年11月，他在党的十六大报告中进一步指出，"要善于在解放思想中统一思想"。正是经过了一系列的思想解放，才使得我们成功应对了来自国际和国内各个方面的严峻挑战，初步取得了改革开放的新胜利，以"三个代表"重要思想的形成为标志，中国特色社会主义理论体系取得了进一步发展和创新。

党的十六大以来，胡锦涛在多种场合和多次讲话中继续强调解放思想对于实现新世纪新阶段实事求是的重要意义。他指出，"我们必须坚持解放思想，实事求是，与时俱进，从理论和实践的结合上不断研究新情况、解决新问题，不断有所发现、有所创造、有所前进"。正是在新的思想解放的条件下，我们又取得了社会主义建设和改革开放的新成就，以科学发展观为标志，中国特色社会主义理论体系有了进一步发展和完善。

解放思想是伴随时代发展不断前行的。在当前形势下，我国社会主义现代化发展面临的机遇前所未有，同时面对的挑战也十分严峻，在我们前进的道路上，既有许多有利的条件，也有不少不利的因素。特别是，中国特色社会主义的自我完善和发展还有许多重大课题需要进一步探索和回答，还有大量工作需要去做。2003年7月，胡锦涛就提出，“如何切实抓好发展这个党执政兴国的第一要务，如何进一步完善公有制为主体、多种所有制经济共同发展的基本经济制度，如何建成完善的社会主义市场经济体制，如何走新型工业化道路、统筹城乡社会发展，如何扩大就业和促进再就业，如何在更大范围、更大领域和更高层次上参与国际经济技术合作和竞争，如何推动整个社会走上生产发展、生活富裕、生态良好的文明发展道路，如何更好地实现坚持党的领导、人民当家做主和依法治国的有机统一，如何最广泛最充分地调动一切积极因素，不断为中华民族的伟大复兴增添新力量，如何在新的历史条件下不断巩固马克思主义在意识形态领域的指导地位，如何弘扬和培育民族精神，如何改革和完善党的领导方式和执政方式，如何以加强党的执政能力建设为重点全面推进党的建设的伟大工程”等等许多问题，还都需要我们在实践中去探索，在实践中找到解决的办法。

我们只有坚持解放思想，才能科学应对我国面临的经济全球化带来的新机遇和新挑战，全面认识社会主义建设深入发展的新形势、新任务，深刻把握我国发展面临的新课题、新矛盾，正确制定适应时代要求和人民愿望的方针政策，奋力开创中国特色社会主义事业的新局面。

# 第二章　1978年：第一次思想大解放拉开改革开放的序幕

1977年7月，“文革”结束不久，在党内一些老同志叶剑英、李先念等人的多次提议下，73岁的邓小平复出工作，担任了中共中央副主席、中央军委副主席、国务院副总理等职务。当时，“文革”结束不到一年，由于在思想领域人们受“左”的思想影响时间太长，所以尽管“四人帮”已被打倒，但“文革”阴霾仍未散净。1977年2月，《人民日报》、《红旗》杂志等党的重要阵地联合发表社论《学好文件抓住纲》，继续延续“文革”中教条主义、个人迷信和极“左”思想。社论号召：“凡是毛主席作出的决策，我们都坚决拥护；凡是毛主席的指示，我们都始终不渝地遵循。”随后，全国各大报纸都隆重转载。这样，“两个凡是”不胫而走，立刻就成为全社会判断政治是非、行为对错的基本标准。

在“文革”刚刚结束的中国，思想领域尚处于万马齐喑的压抑和沉寂的状态之中。经历了“文革”的人们充满了迷茫，期待着国家的命运、个人的命运能够有一个新的方向。人们不知道伴随着新中国的第一代领导人的相继去世，中国的命运又将走向何方。

## 第一节 “两个凡是”的错误

### 一、“两个凡是”的出台

1976年粉碎“四人帮”以后，举国欢腾，百业待兴，人心思变。但是喜悦没有持续多久，人们就发现，中国又站在了历史的十字路口。当时，中国人民面临着两种抉择：一是继续按照既定的方针，沿着无产阶级专政下继续革命的理论把“文革”继续下去，二是彻底摆脱“文革”梦魇，开辟社会主义建设的新长征。这就需要有人站出来对毛泽东领导的“文革”留下的种种迷惑作出一个正确的评判和解释，对过去的10年作出正确的解答。由于毛泽东在人民心目中的崇高地位，尤其是毛泽东本人在“文革”中被神化了的形象，人们即使认清了“四人帮”在“文革”中的种种恶行，也没有谁敢于将“文革”的错误归咎于毛泽东，彻底地否定“文革”的错误。谁表现出对“文革”的怀疑，似乎都是对伟大领袖的极大不敬。因此，在粉碎“四人帮”后的一两年中，人们听到的更多的不是对“文革”的否定，而是对“文革”的不断肯定，要将“文革”延续下去的决心。“两个凡是”就是在这样的情况中提出来的。

1976年10月，华国锋担任了中国党政军的最高领导人。1977年2月，在代表中央权威声音的两报一刊（《人民日报》、《红旗》杂志和《解放军报》）上，他提出“两个凡是”，即“凡是毛主席作出的决策，我们都坚决维护，凡是毛主席的指示，我们都始终不渝地遵循”。“两个凡是”的提出也是有一定历史和政治原因的。一是刚刚解决“四人帮”问题，全国上下仍有部分“左”的思想潮流，提出“两个凡是”，有一定的群众基础；二是当时华国锋本人的思想理论体系仍然是坚持“文化大革命”这个理论路线；三是受个人资历限制，华国锋本人没有自己独立的理论，只能“照过去方针办”，这是毛泽东对华的临终指示；四是当时存在一些党内人士对毛泽东的个人崇拜到了迷信的地步，将毛泽东的一言一句都视为真理。

## 二、“两个凡是”的影响

在政治思想领域，提出“两个凡是”的错误主张，成为继续禁锢人们头脑和手脚的新的枷锁。在随后的3月中央工作会议上，“两个凡是”得到进一步肯定和强化：“在揭批‘四人帮’的斗争中，一定要注意，凡是毛主席作出的决策，都必须维护；凡是损害毛主席形象的言行，都必须制止。”

在经济领域，单凭希望经济尽快发展的愿望出发，提出脱离客观发展实际的“思想再解放一点”的口号，并提出新的“跃进”计划。而影响和制约国民经济发展的一些迫切需要解决的重大问题，却被严重忽视了。1978年2月，五届人大《政府工作报告》中提出新的发展时期总任务，制定了不切实际的国民经济各领域的高指标。随后召开的国务院务虚会，又盲目乐观地提出要组织国民经济的“新的大跃进”。

9月又宣布“今后10年的引进规模可以考虑增加到800亿美元”。从主观上讲，这些理想和目标的提出都是令人振奋的，但却与当时的实际情况不相符合，问题很多。特别是由于强调“要坚决贯彻执行党的十一大路线，坚持无产阶级专政下的继续革命，深入开展阶级斗争、生产斗争和科学实验三大革命运动”，主观上认识不对头，客观上脱离实际，这些计划执行起来就很难，长期以来形成的“左”的思想禁锢也难以真正打破。

“两个凡是”的禁锢，使党和国家的工作在粉碎“四人帮”后的新气象中出现了徘徊的局面。为改变这种局面，真正解放思想，邓小平等老一辈革命家作了怎样的努力呢？

## 第二节　真理标准问题大讨论

### 一、《实践是检验真理的唯一标准》

关键时刻，党中央那些有着铮铮铁骨的老革命家们本着对党和国家负责，对人民负责，对中国的历史命运负责的态度站了出来，以实事求是的精神对“两个凡是”提出反对意见，对“文革”的错误进行了清算。他们指出，伟大领袖也有犯错误的时候，“文革”就是毛泽东晚年所犯的一个严重的错误。中国要前进，就必须打破把毛泽东的话作为判断一切是非标准的神学信条，也就是说必须打破“两个凡是”的精神枷锁。1977年3月，尚未复出的邓小平就指出：“‘两个凡是’不行。按照‘两个凡是’，就说不通为我平反的问题，也说不通肯定1976年广大群众在天安门广场的活动‘合乎情理’的问题。”在1977年4月10日，他以一个老共产党员的身份给党中央写信，信中他提出，“必须世世代代地用准确的、完整的毛泽东思想来指导我们全党、全军和全国人民”。所谓“准确”、“完整”，就是强调要把毛泽东思想作为一个科学的理论体系看待，强调着重掌握贯穿其中的科学观点和科学方法，而不是搞断章取义和“句句是真理”。“准确的、完整的毛泽东思想”概念的提出，为批判“两个凡是”提供了有力的理论武器。

在1977年7月召开的中共十届三中全会上，党中央恢复了邓小平的职务。他在全会闭幕时发言，进一步强调全党全国要完整地、准确地理解毛泽东思想，强调不能够只从只言片语来理解毛泽东思想，“要善于学习、掌握和运用毛泽东思想的体系来指导我们的各项工作，这样才不至于割裂、歪曲毛泽东思想”。

要批判“两个凡是”，要彻底否定“文化大革命”，需要一个强有力的理论武器。一篇《实践是检验真理的唯一标准》的文章应运而生。

1977年10月，当时中共中央副主席叶剑英建议中央党校，对中共党史进行重新研究，特别是要对“文化大革命”的历史进行研究。根据这一精神，时任中央党校常务副校长的胡耀邦决定着重研究“文革”历史，研究原则有两条：一是“要完整地、准确地运用马列主义、毛泽东思想的基本原理的精神实质来进行研究”；二是“要以实践为检验真理、辨别路线是非的标准，实事求是地进行研究”。这两条原则，实际上把判断理论是非、路线是非、思想是非的标准提了出来。

从1977年下半年开始，一些思想理论工作者又逐步提出了以实践作为检验真理的标准的观点，全社会的思想解放和拨乱反正开始酝酿。1978年5月5日，《人民日报》发表题为《贯彻执行按劳分配的社会主义原则》的特约评论员文章，吹响了经济思想领域拨乱反正的号角。5月10日，中央党校的《理论动态》刊登了《实践是检验真理的唯一标准》一文。次日，《光明日报》以“本报特约评论员”名义公开发表了这篇文章。当天，新华社全文转发了该文。文章从马克思主义基本原理出发，阐明了检验真理的标准只能是社会实践，理论与实践的统一是马克思主义的一个最基本的原则，任何理论都要不断接受实践的检验等基本道理。文章发表后，迅速在全党引起强烈反响：有人赞同，有人迷茫，有人反对，一些人甚至对此进行压制，说“文章的矛头是指向毛主席思想的”，要求遵守三条“纪律”：“一不要砍旗，二不要丢刀子，三不要来180度的转变”。这样，一场关系到党的思想路线原则的争论就不得不在全国范围内展开了。

1937年7月，毛泽东在《实践论》中就曾经指出：“真理的标准只能是社会的实践。”后来，毛泽东在修改《在战争与和平问题上的两条路线——五评苏共中央的公开信》一文时，又亲笔加写了“社会实践是检验真理的唯一标准”这句论断。这说明，“检验真理的唯一标准是社会实践”也是毛泽东本人多次论述过的观点，是他对马克思主义认识论的基本观点的最鲜明的表述。以邓小平为代表的老一辈革命家旗帜鲜明地肯定了“实践是检验真理的唯一标准”这个马克思主义的重要观点，进一步批评了“两个凡是”的错误主张。

## 二、关于真理标准问题的大讨论

1978年5月19日，邓小平在接见文化部领导小组负责人时谈到，“《光明日报》发了文章，当时没有注意。后来听说有人反对得很厉害，才找来看了看。文章符合马克思列宁主义嘛，扳不倒嘛”。7月22日，他进一步指出，这篇文章“是马克思主义的”，“争论不可避免，争得好。引起争论的根源就是‘两个凡是’”。6月2日，邓小平在全军政治工作会议上讲话，针对“两个凡是”，特别讲了实事求是的问题。他说：“我们一些同志天天讲毛泽东思想，却往往忘记、抛弃甚至反对毛泽东同志的实事求是、一切从实际出发、理论与实践相结合的这样一个马克思主义的根本观点、根本方法。不但如此，有的人还认为谁要是坚持实事求是，从实际出发，理论和实践相结合，谁就是犯了弥天大罪。他们的观点，实质上是主张只要照抄马克思、列宁、毛泽东同志的原话，照抄照转照搬就行了。要不然，就说这是违反了马列主义、毛泽东思想，违反了中央精神。他们提出的这个问题不是小问题，而是涉及到怎么看待马列主义、毛泽东思想的问题。”“实事求是，是毛泽东思想的出发点、根本点。这是唯物主义。不然，我们开会就只能讲空话，不能解决任何问题。”他特别强调，马克思主义活的灵魂，“就是具体地分析具体情况”。“马列主义、毛泽东思想如果不同实际情况相结合，就没有生命力了。领导干部的责任，就是要把中央的指示、上级的指示同本单位的实际情况结合起来，分析问题，解决问题，不能当‘收发室’，简单地照抄照转”。怎样才能检验我们的决策是否正确呢？邓小平在这篇讲话中指出，“我们做任何工作，都为的是解决问题。我们说的、做的究竟能不能解决问题，问题解决得是不是正确，关键在于我们是否能够理论联系实际，是否善于总结经验，针对客观现实，采取实事求是的态度，一切从实际出发”。只有这样，“才有可能正确地或者比较正确地解决问题；而这样地解决问题，究竟是否正确或者完全正确，还需要今后的实践来检验”。这些鲜明的观点，很快就得到全党、全军、全国人民的热烈拥护，为把真理标准问题的讨论引向深入提供了锐利的思想武器。

在此前后，陈云、李先念等老一辈革命家都通过不同方式表示积极支持真理标准问题的讨论，这些举措都使讨论迅速在全国范围内展开。通过一系列热烈的讨论和激烈的思想碰撞，大家逐步将认识统一到“实事求是”的旗帜下来。

从今天的角度回头重新审视，我们都可以说，如果当时没有对真理标准问题的大讨论和对“两个凡是”的深刻批判，如果当时没有全党对“实践是检验真理的唯一标准”的重新认识，就不可能有之后党的实事求是思想路线的重新确立和正确政治路线和经济路线的顺利制定。正因为如此，邓小平明确指出：“从这个意义上说，关于真理标准问题的争论，的确是个思想路线问题，是个政治问题，是个关系到党和国家的前途和命运的问题。”

思想的变革吹响了政治变革和社会变革的号角，解放思想的破冰之旅从此开启。在10年徘徊和迷茫之后，中国上下都急切地盼望着打破迷途，求实创新。广大干部群众以实践为检验真理的唯一标准，冲破“两个凡是”的思想禁锢，重新思考了什么是毛泽东思想、怎样完整准确地理解毛泽东思想，重新思考什么是社会主义、怎样建设社会主义，重新思考什么是马克思主义、怎样科学地对待马克思主义等一系列重大问题，推进了党的指导思想和各条战线的拨乱反正，开启了对内全面改革和对外开放的步伐，推进了马克思主义与时俱进的观念更新，从而使社会主义建设在中国走上坦途。

## 第三节　党中央的拨乱反正与十一届三中全会的召开

如果说，关于真理标准问题的大讨论是这场思想解放运动的引发者，那么，十一届三中全会和它之前长达36天的中央工作会议，就是这场运动的继续和深化。

要想彻底扭转“文化大革命”的错误路线，需要分两个步骤。第一个步骤需要打破“两个凡是”的思想牢笼，把一切指示和决策都拿到实践中来检验。这就使根据历史实践的结果，来检查、承认和纠正过去指示和决策中的错误，成为可能。而打破这个牢笼所用的思想武器，正是毛泽东从《反对本本主义》到《实践论》，到延安整风，到1961年重提调查研究，所坚持的这样一条解放思想、实事求是的思想路线。第二个步骤需要总结历史经验和教训，作出《关于建国以来党的若干历史问题的决议》。在邓小平领导和主持下制定的这个决议，不仅对“文化大革命”的错误和导致这个错误的原因作出了历史的结论，而且对建国以来党的若干历史问题作出了重新评价。同时，对建党以来和建国以来我们取得的伟大的历史成就作出了充分的估价，维护了毛泽东在我们党和我们国家历史上的崇高地位，肯定了坚持和发展毛泽东思想对于指导我们事业的重大意义。

## 一、对毛泽东的历史地位作实事求是的评价

如何实事求是地评判毛泽东的历史地位，是解放思想的一个重大问题。要真正做到实事求是地评判毛泽东的历史地位，其根源在思想路线，解决问题的着手处就在于重新确立以实践为检验真理的唯一标准的思想路线，即解放思想、实事求是的思想路线。然后根据实践检验的结果，把作为中国

革命和实践经验的正确总结的毛泽东思想，同毛泽东晚年的错误划分开来，区别开来。能不能、会不会作这样的划分和区别，至关紧要。

邓小平实事求是评判毛泽东的历史地位，牢牢地把握住了这样几个环节：第一，摆正毛泽东的历史功绩和他晚年的错误这两者的位置。前者是首要的、基本的和第一位的；后者也是重要的，但毕竟是第二位的。第二，毛泽东所犯的错误是一个伟大的革命家犯的错误，是一个伟大的马克思主义者犯的错误。第三，毛泽东晚年的错误是在一定时期和一定范围背离了毛泽东思想造成的，纠正这个错误正是要靠毛泽东思想，正是要把握个契机更好地坚持和发展毛泽东思想。第四，总结历史，指出历史上的错误，不应该着重个人的责任，而应该着重分析历史的复杂背景，分析错误的内容和原因，吸取错误的教训，明确纠正错误和避免重犯错误的方法。这也正是毛泽东在延安整风中为我们党确立的研究历史经验应采取的态度。第五，总结历史，主要不是为了评判个人功过，而是为了开辟未来；过去的成功是我们的财富，过去的错误也是我们的财富。第六，至于错误的责任，邓小平一直强调，不能归之于毛泽东一个人。中央有责任，中央许多负责同志也有错误。“毛泽东同志犯的有些错误，我也有份。”这体现了无产阶级革命家的实事求是精神和道德人格力量。

邓小平对毛泽东作出了实事求是的评价：

“毛泽东同志在长期革命斗争中立下的伟大功勋是永远不可磨灭的。”

“毛主席一生中大部分时间是做了非常好的事情的，他多次从危机中把党和国家挽救过来。没有毛主席，至少我们中国人民还要在黑暗中摸索更长的时间。毛主席最伟大的功绩是把马列主义的原理同中国革命的实际结合起来，指出了中国夺取革命胜利的道路。”

“确立毛泽东同志的历史地位，坚持和发展毛泽东思想，这是最核心的一条。”

“毛泽东思想这个旗帜丢不得。丢掉了这个旗帜，实际上就否定了我们党的光辉历史。”

邓小平说，十一届三中全会以来我们的方针政策，“归根到底就是恢复和坚持毛泽东同志提出的实事求是的思想路线，根据这条思想路线来探索中国怎样建设社会主义”。

## 二、十一届三中全会的胜利召开

1978年十一届三中全会胜利召开。会议真正恢复了党的民主作风，所有代表畅所欲言，各抒已见，批评指名道姓，提出和解决了许多有关党和国家命运的重大问题。会议期间，大家心情舒畅，思想活跃，把这次会议开成了一次真正团结的、胜利的大会。在会议闭幕时，邓小平作了题为《解放思想，实事求是，团结一致向前看》的著名讲话，具体分析了形成思想僵化的历史条件及其危害，充分评价了关于真理标准问题讨论的重大意义：“目前进行的关于实践是检验真理的唯一标准问题的讨论，实际上也是要不要解放思想的争论。大家认为进行这个争论很有必要，意义很大。从争论的情况来看，越看越重要。一个党，一个国家，一个民族，如果一切从本本出发，思想僵化，迷信盛行，那它就不能前进，它的生机就停止了，就要亡党亡国。”“关于真理标准问题的争论，的确是个思想路线问题，是个政治问题，是个关系到党和国家的前途和命运的问题。”这篇讲话的重大理论意义在于，肯定了真理标准问题讨论对解放思想的重大意义，把解放思想与实事求是并提，进一步强调了坚持实事求是这个关系党和国家前途命运的重大问题，把实事求是原则重新恢复到了党的思想路线的高度。这是对真理标准问题讨论的最重要的理论总结。从实践意义上说，这篇讲话成为党和国家实行改革开放新政策的开篇之作，实际上也是开创我国社会主义事业发展新时期的宣言书。

中共中央在十一届三中全会之后，专门召开了一次理论务虚会，进一步落实“实践是检验真理的唯一标准”问题。从1979年1月18日到4月3日期间，党的理论工作务虚会分两段进行。与会同志进行了热烈的讨论，充分解放思想，继续批判“两个凡是”的错误，并且对“社会主义民主”、“社会主义时期的阶级和阶级斗争”、“无产阶级专政下继续革命的理论”等一系列重大理论问题进行探讨，也提出了客观评价毛泽东和毛泽东思想的问题。其间，邓小平作了《坚持四项基本原则》的著名讲话，对一些马克思主义的基本理论问题进行拨乱反正，对一些错误思潮进行了严厉批评。这次务虚会，是十一届三中全会后解放思想、拨乱反正的继续，是思想理论界发扬民主、统一认识，开展解放思想运动的一个重要环节。

## 三、《关于建国以来党的若干历史问题的决议》的意义

《关于建国以来党的若干历史问题的决议》是中国共产党历史上具有深远影响的重要文件。其起草工作从1979年11月开始，在中央政治局、书记处领导下，由邓小平、胡耀邦主持进行，经长时间讨论和修改，集中全党智慧形成的，在1981年6月第十一届六中全会上审议通过。《决议》对建国以来党的重大历史问题特别是“文革”、对毛泽东的评价和毛泽东思想基本内容与指导意义作了总结和评价。《决议》肯定了十一届三中全会以来逐步确立的适合中国情况的建设社会主义现代化强国的正确道路，进一步指明中国社会主义事业和党的工作继续前进的方向。

《决议》共分八个部分，阐述的基本内容是：第一，对建国32年来中国共产党的历史进行了科学的分析和正确的总结，实事求是地评价了建国以来的重大历史事件，分清了功过是非。第二，实事求是地评价了毛泽东在中国革命中的历史地

位，科学地论述了毛泽东思想的基本内容和作为党的指导思想的伟大意义。第三，肯定了中共十一届三中全会以来逐步确立的适合中国国情的建设社会主义现代化国家的正确道路，进一步指明了中国社会主义事业和党的工作继续前进的方向。

《关于建国以来党的若干历史问题的决议》的出台，标志着从批评“两个凡是”和中共十一届三中全会开始的指导思想上的拨乱反正基本完成。拨乱反正，按邓小平的概括就是：“拨林彪、‘四人帮’破坏之乱，批评毛泽东晚年的错误，回到毛泽东思想的正确轨道上来。”总之，随着国内局势的发展和国际局势变化，作出历史决议和坚持历史决议，正确评价毛泽东和毛泽东思想，这个重大决策表现出来的我们党的政治勇气和远见，这个重大决策对于我们事业的稳定健康发展的意义，人们看得越来越清楚了。

## 第四节　改革开放拉开序幕

党的十一届三中全会以后，在解放思想、实事求是的思想路线指引下，我国开始了改革开放和社会主义现代化建设的伟大实践。从此，在解放思想的大旗引导下，中国发生了翻天覆地的变化。

## 一、对内改革的开始

中国改革首先是在农村拉开帷幕的。在改革开放以前，人民公社高度集中的农村经营管理体制，致使农业生产发展缓慢，相当一部分的农民长期得不到温饱。到1978年，中国农民为了生存在农村悄然开始了具有重大历史意义的变革。改革中经历了从突破农村“一大二公”模式，到实行家庭联产承包责任制的过程。这一变革的起点首先发生在安徽省凤阳小岗村。

1978年夏秋之交，安徽省发生了百年不遇的特大旱灾。安徽省凤阳县的小岗村，许多人做好了逃荒要饭、流浪四方的准备。在生产队副队长严俊昌的召集下，全村形成一致的声音：不讨饭可以，必须把地分了。1978年11月24日晚上，在农民严立华家，18位农民一起对天盟誓，立下了一份生死契约：

“我们分田到户，每户户主签字盖章，如今后能干好，每户保证完成全年上缴的公粮，不再向国家伸手要钱要粮。

如不行，我们干部坐牢杀头也甘心，大家保证把我们的小孩养活到18岁。”20位庄稼汉，代表20户农民（两户单身）就在这张契约上按下了鲜红的手印和三枚图章。

1979年10月，小岗村粮食全面丰收，经计量，当年粮食总产量66吨，相当于全队1966年到1970年5年粮食产量的总和。这一成功引起全国各地农村的纷纷效仿。

小岗村的这一举动在当时具有惊天动地的意义。从1958年人民公社化以来，“包产到户”就常被质疑和批判。1955年农村搞合作化时，中共中央农村工作部部长邓子恢因为主张合作化不要一哄而上，可以搞包产到户、包产到组，结果遭到毛泽东的痛斥。

1957年7月31日，浙江温州的《浙南大众报》就针对永嘉县尝试包产到户发表文章说：“打倒包产到户，保卫合作化。”永嘉县委农业书记李云河被开除党籍，撤销职务，划为右派分子，劳动改造。

1961年困难时期，包产到户作为一种补救措施又在农村流行开来，得到了刘少奇、邓小平、田家英等人的支持。

在“文化大革命”中，刘少奇、田家英被迫害致死，邓小平被打倒，都与此事有很大关系。刘少奇“罪名”之一就是：提倡“三自一包”。支持包产到户的人，被毛泽东点名为“单干理论家”的陈新宇被7次抄家、120次批斗。

1978年秋，万里在北京向中央主席华国锋痛陈农民的贫困绝望，并提出非把土地分给农民建立责任田不可。但华国锋不同意，认为只有抓紧阶级斗争，才能振兴农村。

包产到户在新中国成立后虽被提出过、甚至实行过，但最后都被否定了。即使在小岗村获得丰收的1979年，批评“包产到户”的声音也是不绝于耳。

1980年5月31日，邓小平在《关于农村政策》中指出：农村政策放宽以后，一些适宜搞包产到户的地方搞了包产到户，效果很好，变化很快。这种变化不是自上而下的，也不是行政命令的，而是生产发展本身必然提出的要求。因此，不用担心搞包产到户会影响集体经济，现在农村工作的主要问题还是思想不够解放。这一举动传达了一个明确的信息：农村改革势在必行。1980年9月，中央印发了《关于进一步加强和完善农业责任制的几个问题的通知》，第一次公开接受用包产到户的办法解决中国农村的贫困问题。1982年1月1

日，中共中央发布的《全国农村工作会议纪要》，正式承认包产到户和包干到户都是社会主义的。从此，家庭联产承包责任制在农村正式实行。从党的十一届三中全会以来，中国创造了用世界上7%的土地养活世界上22%人口的奇迹。

随着农业生产责任制在全国的推广，大量剩余劳动力和剩余资金涌现。农业分工的发展首先从家庭内部分工开始了。家庭多种经营的发展，使家庭内部相应分化出专门从事商品生产的专业人，各种专业户也像雨后春笋般地遍布广大的乡镇，中国农民终于开始挣脱黄土地的束缚，迈进了一个广阔的天地，出现了继土地经营权改革之后的又一重大改革，即产业经营权的改革，这就有了乡镇企业的异军突起。乡镇企业异军突起成为农村经济的重要支柱，乡镇企业不仅容纳了大量的农村剩余劳动力，增加了农民的收入，使农村摆脱贫困，也成为农村工业化、现代化、城镇化的重要途径。农民的观念变了，追求市场、追求致富、追求自主、追求科学文化、追求现代化成为潮流。

中国农村的改革成功为中国经济的起飞、社会的发展奠定了基础，铺平了道路。1979年6月，国务院财经委员会成立了经济体制改革研究小组，经济理论工作者和实际工作者进行了调查研究。随后，承包制、责任制、租赁制、股份制等经营方式相继出现。计划体制、价格体制、财政体制、金融体制、劳动制度、工资制度也进行了改革。

1984年10月，在中华人民共和国成立35周年纪念盛典之后，中共中央举行了十二届三中全会。会议通过了《中共中央关于经济体制改革的决定》，突破了长期以来把社会主义经济和商品经济对立起来的教条化认识，为社会主义市场经济理论的提出奠定了基础。同时，这一决定回答了社会主义实践中提出的一系列重大理论问题和实践问题，规划了经济体制全面改革的蓝图，对全面改革提出了具体要求。邓小平曾高度评价这一决定是马克思主义基本原理和中国社会主义实践相结合的政治经济学。《中共中央关于经济体制改革的决定》的通过，标志着我国经济体制改革正式进入全面发展阶段。

## 二、对外开放的开始

对内改革的同时我国也迈出了对外开放的脚步。

改革和开放紧密相连。邓小平一方面把十一届三中全会以来的开放政策都叫改革，另一方面，又把改革政策也称为开放政策。对外开放和改革一起成为新时期中国最鲜明的特点。

邓小平关于对外开放的理论和政策是对毛泽东思想的继承和发展。早在新民主主义革命时期，毛泽东就指出，“中国不是孤立的也不能孤立，中国与世界紧密联系的事实，也是我们的立脚点。我们不是也不能是闭关主义者，中国早已不能闭关”。新中国成立前夕，毛泽东即宣布，“中国人民愿意同世界各国人民实行友好合作，恢复和发展国际间的通商事业，以利于发展生产和繁荣经济”。他又在《论十大关系》一文中指出，“我们坚决抵制和批判外国资产阶级的一切腐朽制度和思想作风，但这并不妨碍去学习资本主义国家的先进的科学技术和企业管理方法中合乎科学的方面”。但由于帝国主义对我们实行敌视、封锁和禁运的政策，以及后来我们自己所犯的“左”的错误，毛泽东在对外开放方面的许多正确思想未能完全付诸实施。

十一届三中全会后，在探索如何使中国的现代化建设发展得更快更好的过程中，邓小平多次强调，中国必须实行对外开放。1980年，在中央工作会议上的讲话中，邓小平正式使用了“对外开放”的表述，1984年党的十二届三中全会把实行对外开放定为基本国策。把对外开放作为基本国策，最重要的依据，就是邓小平的两个重要观点：“当今的世界是开放的世界”和“中国的发展离不开世界”。

“当今的世界是开放的世界”，这是对世界经济发展历史的深刻总结，是生产社会化和商品经济、市场经济发展的必然结果。早在18世纪中叶，第一次产业革命就开启了世界市场。到了20世纪中后期，在以信息化为基础的新技术革命推动下，世界经济联系更加紧密，经济全球化趋势更为明显，表现为生产领域的国际分工和协作不断深化和加强国际贸易规模不断扩大，资本在国际间的流动速度不断加快，跨国公司迅速发展。为应对新技术革命和经济全球化的趋势，各国政府为在国际分工和国际竞争中获取最大利益，纷纷实行开放的政策，广泛进行经济交流和合作，积极利用国外市场、资源、信息、技术和资金。在开放的世界中不实行开放政策，只能限制自己的发展，甚至会给国家和民族带来灾难。

“中国的发展离不开世界”，这是对中国发展历史的深刻总结。中国在西方国家产业革命以后落后于西方国家的一个重要原因就是闭关自守。历史的经验告诉我们，要发展起来，必须对外开放，把自己孤立于世界之外是不行的。中国作为一个发展中的大国，在实现现代化的进程中存在着许多困难和问题，需要通过对外开放，充分利用国内和国际两种资源、两个市场。

实行对外开放也是充分发挥社会主义制度优越性，吸取人类文明成果，建设优于资本主义的社会主义的需要。社会主义要赢得与资本主义相比较的优势，就必须以积极的态度学习和吸收人类文明的一切优秀成果，吸收和借鉴当今世界各国包括资本主义发达国家的一切反映现代社会化生产规律的先进经营方式、管理方法。江泽民指出，“社会主义作为一种崭新的社会制度，只有在继承和利用资本主义社会已经创造出来的全部社会生产力和全部优秀文化成果的基础上，并结合新的实际进行新的创造，才能顺利建设成功”。江泽民指出，“在社会主义同资本主义的关系上应当有全面的认识。我们既要看到社会主义同它对立和斗争的一面，也要充分看到社会主义同它还有学习、借鉴、合作和利用的一面”。

党的十一届三中全会以后，我国开始了对外开放的历史进程，成功实现了从封闭半封闭到全方位开放的伟大历史转折。从建立经济特区、发展对外贸易，到引进外资、扩大对外经济技术交流与合作，开始逐步形成了全方位、多层次、宽领域的对外开放格局。所谓全方位就是“不论对资本主义国家还是社会主义国家，对发达国家还是发展中国家都实行开放政策。各民族各国家，无论大小、发展程度如何、属于什么性质和类型，都有自己的长处，只要可以和我们互通有无，我国都应在平等互利的基础上积极发展同它们的经济贸易关系”。基于这样的原则，改革开放以来我国已经与绝大多数国家和地区开展了贸易往来。所谓多层次，“就是根据各地区的实际和特点，通过经济特区、沿海开放城市、经济技术开发区、沿海经济开放区、沿边和沿江地区以及内陆省区等不同程度不同形式的开放，形成全国范围内的对外开放格局”，这种格局的形成是一个在不断总结经验的基础上，有重点、有层次，由点到面、逐步推进、全面展开的过程。所谓宽领域，“就是立足于我国国情，对国际商品市场、国际资本市场、国际技术市场、国际劳务市场的开放，把对外开放拓宽到能源、交通等基础产业，以及金融、保险、房地产、科技、教育、文化、服务业等领域”。

2001年12月，在经过长达15年的谈判后，我国正式成为世界贸易组织的成员国。加入世界贸易组织，标志着我国对外开放进入了一个全面开放的新阶段，对我们来说既是机遇，也是挑战。它有利于扩大对外开放，有利于促进经济体制改革和经济结构调整，为我国赢得更好的国际环境，增强我国经济发展活力和国际竞争力。同时，加入世界贸易组织后国际市场的竞争将更加深入地与国内市场的竞争结合在一起，面临的经济风险也显著增加。能否把有利条件用足，把不利影响减少到最低限度，关键在于我们自己的努力。加入世界贸易组织后的中国，在以认真负责的态度全面履行承诺的同时，加快了发展开放型经济的步伐。

改革开放新时期以来，我们坚持对外开放的基本国策，从建立经济特区到开放沿海、沿江、沿边、内陆地区到加入世界贸易组织，从大规模的“引进来”到大踏步“走出去”，利用国际和国内两个市场、两种资源水平显著提高，国际竞争力不断增强。我国对外贸易规模不断扩大，在国际贸易中的地位不断提升，对外贸易结构也发生了根本转变，出口由过去以农产品和初级产品为主转向以工业制成品为主，后者的比重已上升到90%以上，对外贸易的效益有了很大提高。外汇储备跃居世界第一，在吸引外资数量不断增加的同时，外资结构继续优化。在“引进来”的同时，我国企业也在加快“走出去”，对外直接投资、对外工程承包和劳务合作发展迅速。同时，积极利用经济全球化带来的各种机遇，不断发展与世界各国在贸易、投资等领域的交流与合作，还参与了一系列区域经济合作组织的活动。广泛深入的国际合作加快了我国经济发展，也为世界经济发展作出了巨大贡献。当今的世界是开放的世界，中国的发展离不开世界，世界的发展也需要中国，我们既要坚持独立自主，又要勇敢地参与经济全球化，推动经济全球化朝着均衡、普惠、共赢方向发展，促进人类文明繁荣进步。

### 三、第一次思想解放在政治、文化和社会生活领域的影响

在政治领域，思想解放带来了人的政治观念的解放，十年“文革”中错误地把主要矛盾定性为无产阶级和资产阶级

的矛盾，从而造成大量冤假错案。在十一届三中全会之后，都逐步得以平反和昭雪。“文革”中，大批知识分子遭受迫害，被认为“世界观基本上是资产阶级的”。1978年全国科学大会开幕式上，邓小平发表讲话，提出“把知识分子列为工人阶级自己的一部分”，从而为知识分子除掉了禁锢多年的紧箍咒，解放了上千万知识分子，改变了他们的命运，一大批被错划为“右派”的人摘掉了帽子，重新回到正常的工作、生活状态。在思想解放的大潮下，共和国曾经令人心痛的一页，终于翻过去了。同时，我国的政治体制改革也开始起步，逐步将模仿苏联建立起来的高度集中的权力机制和领导人终身制加以改变，将“文革”中被破坏掉的社会主义民主政治和社会主义法治重新恢复，逐步建立健全了社会主义法治。1986年，我国正式将政治体制改革提上议事日程，第一次思想解放使我国的民主政治建设逐步走上正轨。

在文化和社会生活领域，第一次思想解放更是给中国人民带来了翻天覆地的变化。在文化领域，由于“文革”中高压政治控制与思想控制使得文化作品大多政治性很强，单调匮乏。思想解放之后，政治性文化已经不再是社会文化的主流，各类文化作品在宽松的思想大环境中获得了突破性的发展，在这片被长期禁锢的土地上如百花绽放般出现了大批新鲜事物。

在社会生活领域，随着思想解放深入人心，人们的思想意识获得了自由，开始了多元化的发展。中国人的衣食住行都在日益发生着巨大变化，以前一统天下的黑、蓝、灰被五颜六色所替代，外部世界许多优秀的思想文化也逐渐在中华大地传播，受到了人民的欢迎。总之，第一次思想大解放使中国人民冲破了长期以来备受禁锢的“左”的束缚，重新确立和发展了党的解放思想、实事求是的思想路线，给中国的政治经济文化以及社会生活都带来了全方位的解放和发展，从而开启了改革开放、建设有中国特色社会主义的新时代。

# 第三章　1992年：第二次思想大解放
# 解决姓“资”姓“社”问题

20世纪80年代末是国际共运史上的多事之秋。东欧剧变，苏联解体，给中国社会也带来了巨大的影响。在改革开放十几年后，一些西方自由主义思潮也使许多人的思想开始对社会主义制度产生怀疑，共产主义理想发生动摇。1989年夏，受国际政治形势的影响，在西方和平演变的鼓动下，我国出现了政治波动。在思想界，对改革开放以来的思想变革很多人产生怀疑。在党内以及社会上，认为改革开放要收、阶级斗争要抓的疑问再次复苏，蛰伏多年的“左”的思想再次抬头。在姓“社”姓“资”的争论上，“左”倾势力一度甚嚣尘上。在这种形势下，1992年1月18日到2月21日，88岁的邓小平视察南方，从武昌到深圳，从珠海到上海，他一路走一路讲，对中国的改革发展谈了很多想法。此后整理而成的近8000字谈话稿，被称为“南方谈话”。影响中国之后历史进程的诸多经典思想，如“社会主义也可以搞市场经济”、“改革开放胆子要大一些，看准了的，就大胆地试，大胆地闯”、“三个有利于标准”……皆由此而出。尤其在判断改革开放是非得失的标准问题上，邓小平提出：“改革开放迈不开步子，说来说去就是怕资本主义的东西多了，走了资本主义道路，要害是姓‘资’还是姓‘社’的问题。判断的标准，应该主要看是否有利于发展社会主义社会的生产力，是否有利于增强社会主义国家的综合国力，是否有利于提高人民的生活水平。”这“三个有利于”震动全国，它冲破禁锢人们多年的思想禁区，解决了困惑中国多年的改革难题，为思想再次大解放指明了路径，也为人们思想中的动摇再次把稳了方向。邓小平南方谈话后，我国社会主义市场经济开始建立，沿海、沿江、沿边开放的经济格局逐步形成，内陆地区以省会城市为中心的多层次、全方位对外开放也逐步建立，整个中国经济呈现高速增长、浪潮迭起的生动局面。

## 第一节 在社会主义概念上的思想解放

### 一、贫穷不是社会主义

贫穷不是社会主义！这是邓小平在党内“左”倾思想还十分严重的情况下，大胆提出来的一个命题。这句看似十分简单的语言，却是中国人付出了沉重的代价得出的答案。在很长一段时间里，我们曾一度以“穷社会主义”为荣，“宁要社会主义的草，不要资本主义的苗”，实际上却是“宁要贫穷的社会主义，也不要富裕的资本主义”。大家都习惯了把“一穷二白”当成社会主义的代名词，甚至当成好事；即使再穷的社会主义，也认为好得不得了。而其实“一穷二白”只是中国建立社会主义制度之初的状况，而不是社会主义的优点，更不是社会主义所要达到的目标。

毫无疑问，“贫穷不是社会主义”是对传统的关于社会主义的认识的一个否定。其中至少包含着三层意思：一是任何时候不能把“贫穷”作为社会主义的骄傲。在拨乱反正的过程中，邓小平肯定地告诉我们，“四人帮”鼓吹宁要贫穷的共产主义或社会主义，也不要富裕的资本主义，是对社会主义的歪曲甚至污辱，是一种谬论。向穷的方向发展，这不能叫社会主义。这违背了马克思主义对于社会主义或共产主义的本初定义。“社会主义是要使人民生活逐步改善，人民群众的收入不断增加，整个国家一步一步地富裕起来”，难道穷就是社会主义吗？二是把人民群众折腾得越来越穷的做法不是社会主义。邓小平曾经描述过，“我们干革命几十年，搞社会主义30多年，截至1978年，工人的月平均工资只有四五十元，农村的大多数地区仍处于贫困状态。这有什么社会主义优越性？”可是在“文革”中，有些人却无视现实，一个接一个的政治运动，把人民群众拖到无休止的阶级斗争中去，全党、全社会都把精力花到政治运动上，每当经济建设上刚有好的举措，又被政治运动冲击得向后倒退。有人统计过，从新中国建立以后，每隔一两年就要搞一次大规模的政治运动，而“文革”十年，政治运动更是持续不断。如此折腾，人民群众焉能富裕起来？三是贫穷不能体现社会主义制度优越性。中国的贫穷状况不是社会主义制度造成的。而恰恰相反，中国建立社会主义制度，就是为了迅速摆脱贫困。我们说社会主义制度优越，是指在帮助人民群众摆脱贫困方面，社会主义应该也必须比资本主义好，绝不是“穷”得比人家优越。对此，邓小平把社会主义制度与资本主义制度进行了比较，他说：“社会主义制度资本主义制度哪个好？当然是社会主义制度好。”因为社会主义的经济以公有制为基础，生产是为了最大限度地满足人民物质和文化需要，而不是为了剥削剩余价值。据此，社会主义国家的人民就有了共同的政治、经济、社会理想和道德标准，反之，资本主义却无论如何不能摆脱剥削和掠夺，不能摆脱经济危机，不能形成共同的理想和道德。所以，尽管我们的社会主义制度“还不完善，又遭受了破坏，但是无论如何，社会主义制度总比弱肉强食、损人利己的资本主义制度好得多。我们的制度将一天天完善起来，它将吸收我们可以从世界各国吸收的进步因素，成为世界上最好的制度，这是资本主义所绝对不可能做到的”，“现在我们总结了经验，纠正了错误，毫无疑问将来会比任何资本主义发展得都快，而且比较稳定和持久”。他的话告诉我们，之所以中国还处于贫穷的状况，不是社会主义制度不好，而恰恰是社会主义制度不完善的结果。只要我们完善了社会主义制度，社会生产力就会以旧社会所没有的速度迅速发展，使人民不断增长的物质文化生活需要能够逐步得到满足。

贫穷不是社会主义，那么什么才是社会主义呢？经过真理标准的大讨论之后，绝大多数人认同了“贫穷不是社会主义”这个观点。但是这并不等于就此对社会主义有了明确的认识。有人就“贫穷不是社会主义”提出了这样一个反命题：贫穷不是社会主义，那么，是否富裕就是社会主义呢？一些资本主义国家明显比社会主义国家富裕，是不是资本主义就比社会主义优越呢？紧接着，有人提出“补课论”，即认为中国社会的发展太性急了，没能经历资本主义就过早地进入社会主义——过早地跨越了卡夫丁峡谷——资本主义峡谷。因此，中国当前的首要的任务不是建设社会主义，而是“补课”，补资本主义这一课。关于富裕是不是社会主义的问题，看起来似乎是“贫穷不是社会主义”的逆命题，其实里面有个答题的陷阱，即如果把“富裕是社会主义”作为“贫穷不是社会主义”的反向推论，就有可能堕入到“补课论”的迷阵中去。毫无疑问，富裕是社会主义的特征，但富裕，也可以是其他社会的特征，是资本主义的特征。对于这个问题，邓小平作了很好的回答。在1988年5月25日《思想更解放一些，改革的步子更快一些》一文中他指出：“坚持社会主义的发展方向，就要肯定社会主义的根本任务是发展生产力，逐步摆脱贫穷，使国家富强起来，使人民生活得到改善。没有贫穷的社会主义。社会主义的特点不是穷，而是富，但这种富是人民共同富裕。”这里旗帜鲜明指出：贫穷绝不是社会主义，社会主义一定应该是富裕的社会！但最关键的是后面那句话：这种富是人民共同富裕。社会主义所要求的富裕并不仅仅是国家富强，不仅仅是少数人的富裕，而是要实现人民群众的“共同富裕”。

邓小平提出“贫穷不是社会主义”，实际上揭示了社会主义首要的基本理论问题，即“什么是社会主义”这样一个问题，而搞清楚这个问题，关系着社会主义的前途命运。坦率地讲，我们党在很长时期内并没有搞清楚这个问题，在什么是社会主义的问题上存在着许多的错误和混乱。这也充分说明，我们虽然建立了社会主义的基本制度，但对社会主义是什么、社会主义的本质要求是什么的认识还很不清楚。而对社会主义存在许多曲解和误解，也严重影响着社会主义建设的方向和进程。邓小平曾痛心疾首地指出："我们总结了几十年搞社会主义的经验，社会主义是什么，马克思主义是什么，过去我们并没有完全搞清楚。"江泽民也再一次指出："我国社会主义在改革开放前所经历的曲折和失误，改革开放以来在前进中遇到的一些困惑，归根到底都在于对这个问题没有完全搞清楚。"新中国成立以后，我们党领导人民完成了生产资料所有制的社会主义改造，社会主义制度在我国基本建立起来。其后，国内的主要矛盾已由无产阶级同资产阶级的矛盾，转变为人民迅速增长的物质文化需要同落后的社会生产之间的矛盾。但是，我们对社会主义基本矛盾运动规律的认识和把握一直有偏差。由于我们党对社会主义认识不够深刻，对基本国情缺乏正确的分析，领导社会主义建设的经验也不足，像1958年的"大跃进"和后来的"文化大革命"那样的严重错误，先后使社会主义建设事业遭受很大损失。正是"没有完全搞清楚"，对建设社会主义道路不清楚或不完全清楚，使我们在改革开放过程中，先后遇到了种种疑虑和困惑。

“什么是社会主义，怎样建设社会主义”的问题，是建设社会主义的首要的和基本的理论问题。它是社会主义从空想到科学转化中的根本理论问题，是国际共产主义运动面临的重大理论问题，也是我国社会主义建设保持正确方向必须搞清楚的首要问题。中国搞改革开放，就必须搞清楚这个问题，才能把握改革开放的方向与目标。改革开放不是改变社会主义制度，而是完善社会主义制度。不搞清什么是社会主义、什么是非社会主义，不搞清怎样建设社会主义，如何确定改革的方向与目标？邓小平指出：“不解放思想不行，甚至于包括什么叫社会主义这个问题也要解放思想。经济长期处于停滞状态总不能叫社会主义，人民生活长期停止在很低的水平总不能叫社会主义。”邓小平还指出：“要研究一下：为什么好多非洲国家搞社会主义越搞越穷。不能因为有社会主义的名字就光荣。”总结国内外社会主义建设的经验教训，要坚持和发展社会主义，必须真正搞清楚“什么是社会主义，怎样建设社会主义”这个首要的基本理论问题。弄清社会主义的根本问题，是对社会主义最根本的认识，也决定着我们建设社会主义的方向与目标。因此，在提出“贫穷不是社会主义”的命题之后，并不等于马上就搞清楚了“什么是社会主义”这个问题。只有通过实践中的探索，对“摸着石头过河”的经历深思熟虑，才有可能给出准确的回答。我们知道，邓小平提出“贫穷不是社会主义”是在上个世纪70年代，而对“什么是社会主义”的回答，则到了上个世纪的90年代初。这说明，对社会主义的概念不是那么容易搞清楚的。1992年年初，邓小平在南方谈话中提出：“社会主义的本质，是解放生产力，发展生产力，消灭剥削，消除两极分化，最终达到共同富裕。”这是党内第一次对社会主义本质进行的归纳。消灭剥削，消除两极分化，最终实现共同富裕，是社会主义的根本目的、根本目标，这是社会主义同资本主义的最本质区别所在，是社会主义伟大理想的最本质的体现。一方面，解放生产力、发展生产力的目的是为了人民的共同富裕。解放生产力、发展生产力是为了达到共同富裕，是达到共同富裕的手段。离开生产力的发展，不可能消灭剥削，消除两极分化，最终达到共同富裕。所以，它是达到共同富裕的关键。另一方面，共同富裕作为社会主义本质的体现，包括两个基本思想。其一，贫穷不是社会主义，社会主义要实现共同富裕。其二，少数人富，大多数人穷也不是社会主义。“贫穷不是社会主义，而少数人富裕，多数人贫穷也不是社会主义。”“社会主义的目的就是要全国人民共同富裕，不是两极分化。如果我们的政策导致两极分化，我们就失败了；如果产生了什么新的资产阶级，那我们就真是走了邪路了。”在社会主义社会，经过全国人民的共同努力，使社会财富迅速增加，但如果这些财富通过各种不正当的途径聚敛在少数人手中，大多数人依然贫穷，则是完全违背社会主义本质要求的。只有多数人共同富裕，才是社会主义区别于资本主义的本质所在。

社会主义改造基本完成以后，党领导全国各族人民开始转入全面的大规模的社会主义建设。直到“文化大革命”前夕的10年中，我们虽然遭受过严重挫折，但仍然取得了很大的成就。1957年下半年以后，国际国内出现了一些复杂的情况。由于社会主义运动的历史不长，社会主义国家的历史更短，人们对社会主义发展规律的认识还有待于继续探索。由于过去长期处于战争和激烈的阶级斗争的环境中，我们党对于迅速到来的新生的社会主义社会和全国规模的社会主义建设事业，缺乏充分的思想准备和科学研究，对建设社会主义的客观规律缺乏深刻的认识。因此，在社会主义改造基本完成以后，认为依靠社会主义制度的优越性和有利的国内环境就能很快地实现人民群众迫切要求改变贫穷落后面貌的愿望，在经济建设中急于求成，在观察和处理社会主义社会发展进程中出现的政治、经济、文化等方面的新矛盾、新问题时，容易把已经不属于阶级斗争的问题仍然看作阶级斗争，在党内生活中，容易把建设社会主义的探索中产生的不同意见视为“路线斗争”、“阶级斗争”，导致党在指导思想上逐渐发生了“左”的偏差，对社会主义建设道路的探索逐渐偏离了正确方向，出现了曲折，以至于后来发展成为“文化大革命”的严重错误。

## 二、社会主义本质论的提出

十一届三中全会以后，邓小平对“什么是社会主义，怎样建设社会主义”这一问题进行了深邃的思考。多年来，我们受苏联影响，把许多属于社会主义的形式上的事物当成了社会主义的原则，离开生产力发展抽象地谈论社会主义，结果束缚了生产力发展，使社会生产长期停滞不前。而这些社会主义的“形式”并不具有社会主义的本质属性，也并非是社会主义的“原则”。同样，过去我们也把许多有利于生产力发展的事物当作“资本主义原则”加以反对和批判，这也为我们的社会主义建设带来了阻碍。邓小平总结历史教训，创造性地对社会主义本质进行了新的概括，提出了社会主义本质论，深化了我们对社会主义的认识，更纠正了我们过去对社会主义的错误认识，为建设有中国特色社会主义又奠定了一块理论基石。

邓小平对社会主义本质所作的新的理论概括，是从我们长期以来没有完全搞清的“什么是社会主义、怎样建设和发展社会主义”这个重要问题，因而影响到社会主义优越性的有效发挥这一实际出发，经过深入思考，发现了问题的症结所在以后提出来的。这一新的理论概括，是超越了中西方历来关于社会主义的一些规定，包括对经济、政治、社会等多个方面的特征规定中，抽象出“社会主义的本质”这样一个范畴。这就使社会主义的概念从特征到实质，从形式到本质发生了演进。它从更深的层次上使人们科学而准确地理解究竟什么是社会主义这一问题，从而也为探索建设和发展社会主义的新道路和新方法，提供了坚实的理论基础。20世纪80年代初，我国刚刚实行改革开放之际，一些人因政策的转变而产生的种种困惑和疑虑，邓小平在阐述怎样才能更好地发挥社会主义制度优越性的问题时，第一次提出了“社会主义本质”这个概念。鉴于我们过去搞了多年的社会主义建设实践，但是人民生活水平没有多大改善，生产力发展不够理想，同世界其他国家尤其是发达国家差距越来越大的实际情况，他指出：“社会主义是一个很好的名词，但是如果搞不好，不能正确理解，不能采取正确的政策，那就体现不出社会主义的本质。”他认为，“讲社会主义，首先要使生产力发展，这是主要目的。只有这样，才能表明社会主义的优越性”。“社会主义经济政策对不对，归根到底要看生产力是否发展，人民收入是否增加”。他把发展生产和增加人民收入称为压倒一切的标准，实际上已经提出了社会主义本质的核心内容。同时，邓小平对不符合社会主义本质要求的思想进行深刻的剖析，他认为，“贫穷不是社会主义，发展太慢也不是社会主义，平均主义不是社会主义，两极分化也不是社会主义，没有民主就没有社会主义”。1986年9月，邓小平在回答美国记者关于“致富光荣的口号同社会主义的关系”时说：“社会主义财富属于人民，社会主义的致富是全民共同致富。社会主义原则，第一是发展生产，第二是共同致富。”这段话成为社会主义本质论断的雏形。1990年12月，邓小平再一次强调共同富裕的问题，指出：“共同致富，我们从改革一开始就讲，将来总有一天要成为中心课题。社会主义不是少数人富起来、大多数人穷，不是那个样子。社会主义最大的优越性就是共同富裕，这是体现社会主义本质的一个东西。”邓小平在1992年南方谈话中明确提出了关于社会主义本质的著名论断。

邓小平对社会主义本质所作的概括，一方面强调必须集中力量解放和发展生产力，另一方面指出了解放和发展生产力的手段和目的。这一概括既坚持了马克思主义的科学社会主义，同时又赋予了社会主义以新的含义和时代内容。它的基本内涵包括以下两个方面：

第一，把解放和发展生产力概括为社会主义的本质。这是社会主义本质理论的一个十分明显和突出的特点。邓小平在社会主义建设实践与科学社会主义理论内在统一的基础上认识社会主义的一个创造，就是强调解放和发展生产力在社会主义本质中的地位。这也是他提出社会主义本质这一个具有更高概括性范畴的重要原因。邓小平以唯物史观为指导，把解放和发展生产力纳入社会主义本质之中，这不是简单地出于对社会主义历史使命和根本任务的逻辑推演，而是在认真总结社会主义建设的历史经验，科学把握中国的具体国情和时代特征的基础上提炼出来。对于解放和发展生产力，过去我们没有认识到它是体现社会主义制度属性的范畴。从我国社会主义建设的历史经验看，过去对什么是社会主义的问题之所以没有完全搞清楚，之所以不完全清醒，一个重要的原因就是离开生产力水平抽象地谈论社会主义，一个时期内甚至用以阶级斗争为纲取代发展生产力这个中心任务，误以为只要不断改变生产关系，提高公有化的程度，就能推动生产力的发展。此外也没有认识到在社会主义条件下还有一个解放生产力的问题，因而长期以来没有解决好在社会主义条件下如何发展生产力的问题。

从中国的具体国情看，我国目前仍然处于社会主义初级阶段。在这个特殊的历史阶段，解放和发展生产力的意义就显得更加重要。这是因为，社会主义初级阶段的主要矛盾，是人民群众日益增长的物质文化需要同落后的社会生产之间的矛盾，这个矛盾必须通过生产力的发展来加以解决。从时代特征看，和平与发展已经成为时代主题。在新技术革命在世界范围内迅速发展的条件下，世界各国尤其是发达国家和地区都在研究如何抓住这一难得时机、加快发展本国经济的问题。我们只有突出解放和发展生产力这一点，才能主动地坚持以经济建设为中心，抓住机遇，加快发展，不断推进社会主义现代化建设，并最终以实践来证明社会主义优于资本主义。

发展生产力还有一个解放生产力的问题。改革开放以前，我国原有的经济、政治和社会体制等方面都存在着种种弊端，从而束缚了生产力的发展，这些都必须通过改革开放为生产力的发展开辟出广阔道路。所以，邓小平强调，“只讲在社会主义条件下发展生产力，没有讲还要通过改革解放生产力，不完全。应该把解放生产力和发展生产力两个讲全了”。

第二，强调消灭剥削，消除两极分化，突出了最终达到共同富裕这一社会主义的目标。马克思主义认为，实现共产主义社会的最终目的是实现“人的自由而全面的发展”。中国原本就是一个经济十分落后的半封建半殖民地国家，如今正处在社会主义初级阶段，这些因素决定了我国不可能较快地创造出实现共产主义社会的全部条件。邓小平从中国的具体国情出发，把最终实现共同富裕作为社会主义的发展目标，体现了马克思主义理论同当代中国实际的相互结合。

要实现共同富裕，除了要解决如何解放和发展生产力，不断增加社会物质财富的问题外，从生产关系方面来说，还有一个消灭剥削，消除两极分化，使社会生产力发展的成果为全体人民所享有的问题。而这又是在坚持社会主义公有制和按劳分配为主体的条件下才能实现的。所以，邓小平一再强调，“一个公有制占主体，一个共同富裕，这是我们必须坚持的社会主义的根本原则；社会主义有两个非常重要的方面，一是以公有制为主体，二是不搞两极分化”。他指出，“我们发展生产力，创造的财富归人民所有，不允许出现两极分化”。当然，“消灭剥削，消除两极分化，最终达到共同富裕”，是一个动态过程，是需要比较长的时间，通过生产力的发展而逐步实现的。在中国目前的具体条件下，在生产力还没有得到充分发展以前，在一定范围内和一定程度上仍然会存在剥削和出现两极分化现象的可能性。社会主义的优越性只有在社会主义社会由低级到高级，伴随社会生产力的发展由不完善到逐步完善的发展过程才能逐步地得到充分体现。

邓小平抓住“什么是社会主义、怎样建设社会主义”这个根本问题，坚持科学社会主义理论和实践的基本成果，深刻揭示了社会主义本质，这对于建设中国特色社会主义具有重大的理论意义和实践意义，是对马克思主义的重大发展。

首先，社会主义本质理论把我们对社会主义的认识提高到了一个新的科学水平。社会主义本质理论的提出，把我们对社会主义的认识，从主要强调关于公有制、按劳分配等特征，进一步深化到实现共同富裕这个建设社会主义的根本目标上。过去由于缺乏对社会主义的认识，我们在建设、巩固和发展社会主义方面，认为公有制和按劳分配的范围越广、程度越高，越有助于实现共同富裕，甚至脱离实际条件盲目扩大公有制的范围，提高公有制的程度，导致远离根本目的的结果。这在多次出现的“穷过渡”中表现得十分明显。在改革开放的进程中，对改革开放的一些政策调整之所以经常会出现不同的意见，也是因为离开了社会主义的根本目的而孤立地看待是否符合公有制、按劳分配等社会主义的特征。因此，提出一个把建设社会主义的手段和目的统一起来的更高层次的社会主义本质概念，搞清楚建设社会主义的根本目的和目标，对于统一认识，促进改革开放事业的发展，保证社会主义改革的正确方向，是十分重要的。社会主义本质理论的提出为进一步推进改革开放和现代化建设提供了强大的思想武器。

其次，社会主义本质理论对探索怎样建设社会主义具有重要的实践意义。邓小平提出社会主义本质理论，一方面是针对过去只着重于关注巩固和扩大公有制、按劳分配和计划经济，把它当作目的本身，而忽视了更为基本的建设社会主义的根本目的和目标；另一方面则针对改革进程中可能会出现的少部分人富而大部分人穷的贫富分化和其他消极现象。这两种情况都不可能使我国的社会主义建设找到一条正确的道路。社会主义本质理论把搞清楚“什么是社会主义、怎样建设社会主义”紧密地结合起来，揭示了实现社会主义本质与建设社会主义道路之间的内在逻辑关系。社会主义本质理论的提出，为我们寻找一种能够从更深层次认识社会主义，从而为中国的社会主义建设在改革开放中探索出一条发展更快、人民享受到社会主义建设成果最大、能够充分体现出比资本主义优越的道路，奠定了理论基础，开辟了广阔前景。

总之，邓小平对社会主义本质所作的理论概括，对科学社会主义理论既是坚持和继承，又是发展和创新，为我们真正搞清楚什么是社会主义、怎样建设社会主义，并在实践中创造出充满活力的社会主义奠定了科学的思想基础。

## 三、对社会主义根本任务的拨乱反正

在社会主义本质论的基础上，邓小平进一步对社会主义的根本任务进行了拨乱反正。

新中国成立后，毛泽东多次强调社会主义社会的根本任务是发展生产力。我国社会主义制度建立以后，毛泽东曾经提出，“群众性大规模疾风暴雨式的阶级斗争已经过去，我们的任务是搞文化革命、技术革命，向自然界开战”。党的八大在分析了社会主义社会的主要矛盾后指出，“全国人民的主要任务是集中力量发展社会生产力，实现国家工业化，逐步满足人民日益增长的物质和文化需要”。但是后来由于党的指导思想上“左”倾错误的不断发展，“以阶级斗争为纲”取代了发展生产力这一根本任务，严重影响了社会主义建设事业的发展。改革开放以来，邓小平在总结历史经验的基础上一再强调了发展社会生产力的重要性。1992年他提出了“发展才是硬道理”的著名论断，从社会主义本质要求的高度强调发展生产力的重要性。

第一，发展才是硬道理，符合马克思主义基本原理，把发展生产力作为社会主义建设的根本任务，是巩固和发展社会主义制度的必然要求。邓小平指出：“社会主义的优越性，归根到底是要大幅度发展社会生产力，逐步改善、提高人民的物质生活和精神生活。”早在《共产党宣言》中马克思、恩格斯就提出，“无产阶级夺取政权以后，要大力发展生产力，尽可能快地增加生产力的总量”。在我国这样经济文化比较落后的条件下建设社会主义，更要把发展生产力作为根本的首要的任务。在社会主义同资本主义的斗争中，能否不断巩固和发展自己，能否体现出其优越性，最根本的是生产力能否比资本主义发展得更快更好。只有生产力发展了，才能提高人民的生活水平，实现社会安定，为社会主义民主政治建设、精神文明建设及和谐社会建设创造物质条件，从根本上巩固社会主义制度。只有中国社会主义的发展，才能使不相信社会主义的人逐步相信社会主义，使相信社会主义的人进一步坚信社会主义。

第二，发展才是硬道理，是对社会主义实践经验教训的深刻总结。中国在改革开放前的20多年的时间里，社会主义现代化建设发展得不尽如人意，一个重要的原因是在相当长的时间里没有能切实将发展生产力作为社会主义建设的根本任务。邓小平指出，“如果说新中国成立以后我们有缺点，那就是对发展生产力有某种忽略”。他认为，“经济长期处于停滞状态总不能叫社会主义，人民生活长期停滞在很低的水平总不能叫社会主义。空讲社会主义不行，人民不相信，社会主义绝不能长期建立在生产力水平低下和贫穷的基础上”。社会主义必须以经济建设为中心，大力发展社会生产力。“中国解决所有问题的关键是要靠自己的发展。”这是在总结国内外社会主义建设的经验教训基础上得出的最重要的结论。

第三，发展才是硬道理，是适应时代主题变化的需要。和平与发展是当今世界的两大主题，是具有全球性的战略问题。作为一个社会主义国家，中国是维护和平和稳定的力量，是世界和平力量发展的重要因素。中国发展得越强大，对世界和平就越有利。中国的发展对世界、对亚太地区的和平与稳定都是有利的。等到中国发展起来了，制约战争的和平力量将会大大增强。不仅维护世界和平需要中国的发展，而且解决全球发展问题，也需要中国的发展。中国是世界上最大的发展中国家，拥有丰富的劳动力资源、广阔的市场和不断改善的投资环境，社会政治稳定。拥有世界1/5人口的中国的发展，既关系中国自身，也关系亚太地区和世界的和平与发展。中国经济保持良好的发展势头，不仅将造福13亿中国人民，也将为世界各国带来巨大的商机和市场。经济全球化趋势深入发展的条件下，中国的发展已经成为世界经济发展的重要推动力量。世界各国经济互利合作、相互依存的加深，必将给全球经济增长创造更加美好的前景。从这个方面看，中国的发展具有全球性的战略价值。

## 四、在社会主义发展阶段理论上的创新

中国社会主义处于一个什么样的发展阶段，这一阶段社会的主要矛盾和根本任务是什么，应该制定什么样的路线、方针、政策以及发展战略有哪些，这些都是改革开放前党进行过探索但又未能很好解决的问题。中国之所以会发生“文化大革命”，犯“左”的错误，一个重要的原因就是对我国社会主义发展阶段缺乏科学的、清醒的认识，制定的政策超越了社会主义的初级阶段。党的十一届三中全会以后，党对社会主义初级阶段基本国情的清醒认识和准确把握，为开辟中国特色社会主义发展道路，形成中国特色社会主义理论体系奠定了重要基础。

早在民主革命时期，毛泽东就指出：“认清中国的国情，乃是认清一切革命问题的基本的根据。”认识国情，最重要的是搞清楚当前社会的性质和发展阶段，认识当前社会的主要矛盾已经发生的变化。在新民主主义革命时期，正是

由于以毛泽东为核心的党的第一代领导集体准确地把握住了我国处于半殖民地半封建社会这一基本国情，从而才正确地解决了新民主主义革命的一系列基本问题，领导中国新民主主义革命取得了胜利。社会主义制度建立以后，同样也存在如何认清国情、正确判断我们所处历史方位的问题。我国的基本国情应该怎样认识？对于这一问题党一直进行着极其艰苦和有益的探索。中国从鸦片战争后进入半殖民地半封建社会，经历了新民主主义革命后建立了新中国，仅仅用3年时间就完成了社会主义改造，正式步入社会主义社会。这样一个特殊的发展过程造成我们对国情的把握上一直存在偏差，直到党的十一届三中全会以前，总的来说处于不完全清醒的状态。而邓小平提出的社会主义初级阶段理论，指出我国处于并将长期处于社会主义初级阶段，是对当代中国基本国情的科学判断。我们说“一切从实际出发建设社会主义”，其中最大的“实际”就是这一基本国情。

社会主义初级阶段理论是在总结世界范围内社会主义国家建立之后的历史发展，特别是中国的社会主义建设曲折发展的历史经验和教训的基础上逐步形成的。提出“社会主义初级阶段”这一具有特定内涵的新概念，在马克思主义发展史上是第一次。在马克思主义创始人所生活的时代，社会主义还没有成为现实，在他们的科学社会主义理论设想中，他们原则性地认为未来社会大体要经历“从资本主义社会到共产主义社会的革命转变时期、共产主义社会的第一阶段、共产主义社会的高级阶段”。但对后来列宁称之为社会主义社会的共产主义社会第一阶段，在其历史发展过程中将会经历哪些发展阶段，马克思、恩格斯没有作出进一步的判断。十月革命后，社会主义本身的发展阶段成为一个重要的现实问题。列宁认为，在经济落后的俄国，只能建成“初级形式的社会主义”，而不能立即建成“发达的社会主义”。这里包含着社会主义社会要有一个由低级到高级、由不完备到比较完备的发展过程的思想。但是，列宁当时主要回答了俄国怎样过渡到社会主义的问题，还没有来得及具体分析社会主义制度建立以后的发展阶段问题，因而对这一思想未能作出进一步的阐述。1936年斯大林在苏联确立了社会主义制度。之后不久，他就提出了向共产主义过渡的设想。这说明他没有从实际出发把握社会主义的发展阶段问题。第二次世界大战结束后，1952年斯大林又提出党的主要任务是从社会主义过渡到共产主义。这种急于过渡、脱离实际的思想，对苏联和中国以及其他社会主义国家的发展，都造成了消极的影响。

我国社会主义制度确立后，毛泽东曾经分析过我国社会主义发展的阶段问题，并且提出了比较正确的观点。他在1956年的知识分子问题会议上提出“我国的社会主义社会已经进入、尚未完成”的思想。后来他又明确地指出，“我国社会主义制度只是‘刚刚建立’，还没有‘完全建成’，需要经过一段时间建立起现代工业和现代农业的基础，生产力得到比较充分的发展后，我们的社会主义经济制度和政治制度才算获得了比较充分的物质基础，社会主义社会才算从根本上建成了”。但由于当时我国刚刚进入社会主义社会，对社会主义建设和发展的规律我们没有足够的经验和很清楚的认识。因此，关于社会主义发展阶段的思想没有能够得到坚持和进一步发展。在1958年的“大跃进”和人民公社化运动中，由于对社会主义发展阶段认识的不科学和对社会生产力发展速度作出严重错误的估计，又产生了“共产主义在我国已经不是什么遥远将来的事情了”的盲目乐观情绪。20世纪50年代初，在初步总结社会主义建设的经验教训后，毛泽东开始意识到在中国这样一个生产力发展水平比较落后的情况下建设社会主义的艰巨性、复杂性和长期性。他在读苏联《政治经济济学教科书》时提出了一个重要的观点，认为：“社会主义这个阶段，又可能分为两个阶段，第一个阶段是不发达的社会主义，第二个阶段是比较发达的社会主义。后一阶段可能比前一阶段需要更长的时间。”“在我们这样的国家，完成社会主义建设是一个艰巨任务，建成社会主义不要讲得过早了。”他在纠正“大跃进”的错误时，批评急于向共产主义过渡的人是误认社会主义为共产主义、按劳分配为按需分配、集体所有制为全民所有制，同时他还批评了否认价值规律和等价交换等错误思想倾向。毛泽东对社会主义发展阶段的划分，对混淆社会主义同共产主义的区别，对否认价值规律和等价交换等观点的批评，为后来我国社会主义社会发展阶段的探索提供了十分有益的启示。但是，60年代党的指导思想方面“左”的倾向不断发展，进而把对社会主义理解为“从资本主义社会到共产主义社会的革命转变时期”，中断了探索我国社会主义发展阶段的正确之路。

党的十一届三中全会以后，在总结新中国成立以来历史经验和改革开放以来新的实践经验的基础上，党对我国国情和我国社会主义所处的历史方位进行了新的探索，逐步作出了社会主义初级阶段的科学论断，准确地把握了我国的基本国情。中国共产党之所以能够比较自觉地把探索社会主义社会发展阶段的问题提到日程上来，原因是全党全国的工作重心转入经济建设后实行改革开放的实践，提出了认识社会主义发展阶段问题的迫切需要。党的十一届三中全会以后实行的一系列新政策虽然在实践上取得了明显成效，然而在理论上却同过去人们对社会主义的理解发生冲突，有些人怀疑改革开放的路线和政策是否符合马克思主义，另一些人则否定坚持社会主义方向和道路的必要性。为了坚持推进改革开放，坚持改革开放的社会主义方向，必须从理论上深入开展关于社会主义社会发展阶段问题的研究。

新时期党对社会主义发展阶段的认识经历了一个过程。党的十一届三中全会以后不久，邓小平就提出，“底子薄、人口多、生产力落后，这是中国的现实国情”。强调中国的现代化建设必然是长期的。叶剑英在庆祝建国30周年大会的讲话中也指出："我国社会主义制度还处在幼年时期，还不成熟、不完善，在我国实现现代化，必然要有一个初级到高级的过程。"1981年党的十一届六中全会通过的《关于建国以来党的若干历史问题的决议》，第一次提出我国社会主义制度还处于初级的阶段。之后，1982年党的十二大报告和1986年十二届六中全会通过的《关于社会主义精神文明建设指导方针的决议》，分别对这一阶段的内容作了分析。但总的说来，这三次提出社会主义初级阶段的概念，还没有从全局性的高度把握它与建设中国特色社会主义之间的联系，因而也尚未从理论上将之作为制定党的路线、方针、政策的根本依据加以展开和发展。

党的十三大前夕，邓小平强调指出："党的十三大要阐述中国社会主义是处在一个什么阶段，就是处在初级阶段，是初级阶段的社会主义。社会主义本身是共产主义的初级阶段，而我们中国又处在社会主义的初级阶段，就是不发达的阶段。一切都要从这个实际出发，根据这个实际来制订规划。"这个论述，第一次把社会主义初级阶段作为全局性的基本国情加以把握，明确了这一问题是党制定路线、方针、政策的基本出发点和根本依据。正是因为我们在改革开放中已经取得了一些进行社会主义现代化建设的经验，也是因为我们还要继续大力推进改革开放和现代化建设，必须理清对我国社会主义建设出发点问题的认识，必须破除各种思想障碍，所以党的十三大上，初级阶段问题被提到全局高度加以论述。党的十三大对社会主义初级阶段和在初级阶段党的基本路线的系统阐述，表明了党对社会主义和中国国情认识上的一次飞跃。

党的十五大对社会主义初级阶段问题作了进一步的强调，十五大报告指出，“面对世纪之交改革攻坚和开创新局面的艰巨任务，我们解决种种矛盾，澄清种种疑惑，认识为什么必须实行现在这样的路线和政策，关键还在于对所处社会主义初级阶段的基本国情要有统一认识和准确把握”。正是基于我国现在处于并将长期处于社会主义初级阶段这一基本认识，党的十五大制定了党在社会主义初级阶段的基本纲领，系统地回答了什么是社会主义初级阶段中国特色社会主义的经济、初级阶段中国特色社会主义的政治和初级阶段中国特色社会主义的文化，以及怎样建设这样的经济、政治和文化，进一步统一了全党全国人民的思想。迈入21世纪，我国人民生活水平总体上达到小康。但是初级阶段仍将是长期的。党的十六大指出，“我国正处于并将长期处于社会主义初级阶段，现在达到的小康还是低水平的、不全面的、发展很不平衡的小康，巩固和提高目前达到的小康水平，还需要进行长时期的艰苦奋斗”。党的十七大进一步指出，“经过新中国成立以来特别是改革开放以来的不懈努力，我国取得了举世瞩目的发展成就，从生产力到生产关系、从经济基础到上层建筑都发生了意义深远的重大变化，但我国仍处于并将长期处于社会主义初级阶段的基本国情没有变，人民日益增长的物质文化需要同落后的社会生产之间的矛盾这一社会主要矛盾没有变”。

正是由于对社会主义初级阶段的基本国情有了科学认识和正确把握，我们才得以成功地走出了一条建设中国特色社会主义的新道路，使社会主义在中国显示出蓬勃生机和活力，使社会主义现代化建设取得了举世瞩目的巨大成就。

社会主义初级阶段包括两层含义：第一，我国社会已经是社会主义社会。我们必须坚持而不能离开社会主义。第二，我国的社会主义社会还处在初级阶段。我们必须从这个实际出发，而不能超越这个阶段。前一层含义阐明的是初级阶段的社会性质，后一层含义则阐明了我国现实中社会主义社会的发展程度。只有把社会主义社会的性质同它的发展程度有机地统一起来，构成一个科学概念，才能够深刻地理解和把握住我国的基本国情。不了解当前我国的社会性质或者对其作出了错误的判断，就不可能对我国社会的基本特征、主要矛盾、根本任务和发展方向作出正确的分析，因而也不可能制定出符合实际的正确的路线和政策，推动社会向前发展；不能正确地分析当前我国社会所处的发展阶段，就有可能出现超越阶段或者落后于形势的判断，从而作出错误的决策。党的十一届三中全会以前，中国共产党对我国社会性质问题的判断是正确的，但对我国社会主义发展阶段的认识则不够清醒，在发展程度的判断上出现了失误，提出的任务和政策脱离了国情，严重地影响了社会主义现代化建设事业的发展。因此，正确把握国情必须全面地认识我国社会所处的历史方位，把社会性质同它的发展程度统一起来。社会主义初级阶段的两层基本含义既相互区别，又紧密联系，构成了一个具有特定内涵的新概念。这里所说的初级阶段，“不是泛指任何国家进入社会主义都会经历的起始阶段，而是特指我国在生产力发展水平不高、商品经济不发达条件下建设社会主义必然要经历的特定历史阶段”。强调社会主义初级阶段是整个建设中国特色社会主义的很长历史过程中的初始阶段，表明了社会主义初级阶段与建设中国特色社会主义历史进程的内在联系。

社会主义初级阶段理论的提出具有重大的理论和实践意义。它是马克思主义关于社会主义发展阶段的新论断，是党制定和执行正确路线、方针、政策的基本依据。在坚持社会主义的问题上，只讲性质和方向，不讲程度和水平，或者只讲程度和水平，不讲性质和方向，都会使人们陷入盲目、不清醒的状态，发生“左”的或右的错误，使社会主义事业遭受挫折和损失。历史表明，产生“左”的和右的干扰的一个重要原因是对我国所处的历史方位认识不清。强调认清社会主义初级阶段基本国情，不是要妄自菲薄、自甘落后，也不是要脱离实际、急于求成，而是要坚持把它作为推进改革、谋划发展的根本依据。对社会主义初级阶段基本内涵和过程性特征的统一认识和把握，则可以使我们更深刻地理解和掌握党在社会主义初级阶段的基本理论、基本路线、基本纲领及各方面方针和政策的科学性和正确性，保持清醒的头脑，坚定、自觉地把中国特色社会主义事业不断推向前进。

从1956年社会主义改造基本完成，我国正式进入社会主义初级阶段开始，一直到21世纪中叶我国的社会主义现代化建设基本完成，这中间，社会主义初级阶段至少需要100年时间。邓小平曾指出："现在虽说我们也在搞社会主义，但事实上不够格。"所谓"不够格"，是指不够马克思所讲的"共产主义低级阶段"的格，即社会主义阶段的"资格"。这种"不够格"，主要表现在物质基础方面不够格，也表现在上层建筑的不成熟、不完善。初级阶段的长期性，从根本上说是由中国进入社会主义的历史条件和建成社会主义所需要的物质基础所决定的。邓小平在1992年南方谈话中指出："我们搞社会主义才几十年，还处在初级阶段。巩固和发展社会主义制度，还需要一个很长的历史阶段，需要几代人、十几代人，甚至几十代人坚持不懈地努力奋斗，绝不能掉以轻心。"这使我们对中国特色社会主义建设的长期性、紧迫性、复杂性、艰巨性有了更加清醒的思想准备。牢固树立社会主义初级阶段长期性的观点，有助于我们从根本上克服急躁情绪，克服各种超越阶段的错误观念和政策，坚持党在现阶段的基本路线、基本纲领、基本经验和各方面的方针政策，埋头苦干、脚踏实地地完成初级阶段的各项任务，不断推进社会主义现代化建设。

## 五、关于社会主义初级阶段的主要矛盾的拨乱反正

揭示社会主义初级阶段的主要矛盾反映着基本矛盾运动规律的要求，是制定社会主义初级阶段基本路线的客观依据。在社会主义初级阶段，我国经济、政治、文化和社会生活各方面存在着种种相互联系的矛盾，但主要的矛盾是人民日益增长的物质文化需要同落后的社会生产之间的矛盾。我国社会主义改造基本完成后，1956年党的八大指出：我国的无产阶级同资产阶级之间的矛盾已经基本上解决，几千年来阶级剥削制度的历史已经基本上结束。“我们国内的主要矛盾，已经是人民对于建立先进的工业国的要求同落后的

农业国的现实之间的矛盾，已经是人民对于经济文化迅速发展的需要同当前经济文化不能满足人民需要的状况之间的矛盾。”在1957年毛泽东所写的《关于正确处理人民内部矛盾的问题》一文中，第一次系统地提出了关于社会主义社会矛盾的学说，强调指出重视并解决这些矛盾的目的是“为了调动一切积极因素，团结全国各族人民进行一场新的战争——向自然界开战，发展我们的经济，发展我们的文化，使全体人民比较顺利地走过目前的过渡时期，巩固我们的新制度，建设我们的新国家”，这与党的八大关于我国社会主要矛盾的论断是基本一致的。然而，由于各种主客观的原因，主要是党在指导思想上发生了“左”的错误，上述正确认识未能很好地坚持下去。1957年以后，把无产阶级和资产阶级的矛盾作为我国社会的主要矛盾，又进一步提升为整个社会主义阶段的主要矛盾，提出了“以阶级斗争为纲”，导致了“文化大革命”的发生。党的十一届三中全会果断地纠正了“以阶级斗争为纲”的错误方针，决定把党和国家的工作重点由阶级斗争转移到社会主义现代化建设中来，进而对社会主要矛盾作出了准确概括。1979年，邓小平在题为《坚持四项基本原则》的讲话中，明确回答了我国现阶段的主要矛盾问题。他说："什么是目前时期的主要矛盾，也就是目前时期全党和全国人民所必须解决的主要问题或中心任务，由于三中全会决定把工作重点转移到社会主义现代化建设方面来，实际上已经解决了。我们的生产力发展水平很低，远远不能满足人民和国家的需要，这就是我们目前时期的主要矛盾。"1981年，党的十一届六中全会对我国社会主要矛盾作了规范的表述："在社会主义改造基本完成以后，我国所要解决的主要矛盾，是人民日益增长的物质文化需要同落后的社会生产之间的矛盾。"

社会主义初级阶段的主要矛盾，贯穿于初级阶段的整个过程和社会生活的各个方面。社会主义初级阶段的主要矛盾有其特定的历史内容。就"人民日益增长的物质文化需要"而言，"人民"包括各阶层人民群众，具有"整体性和层次性"，"需要"是随着经济和社会发展而不断提高的，"具有动态性和全面性"；就落后的社会生产而言，"包括生产力水平的落后，没有实现工业化和经济的市场化、社会化、现代化，也包括生产力的组织、经营和管理方式的落后"。这个主要矛盾，深刻反映了我国社会主义初级阶段的特殊本质。从社会需要方面来看，随着社会主义制度的建立，人民群众在旧社会被压抑的社会需求被广泛释放出来，人民对于崭新的社会制度能够满足他们的物质文化需要，寄予了很大的期望。但在改革开放以前，我国社会生产力发展遭受过几次曲折，人民的物质和文化生活条件未得到理想的改善，国家也无法较快摆脱贫穷落后的状态。改革开放以来，人民改善物质文化的要求，不仅在数量上不断增长，而且在质量上不断提高，对于生产更加丰富多彩的物质和精神产品的需求越来越大，要求越来越高。从社会生产方面看，经过几十年来的社会主义建设，我国的社会生产力和经济实力有了巨大的增长，教育科学文化事业也有了相当发展，但是生产力落后、经济文化发展很不平衡的状况还没有得到根本改变。在整个社会主义初级阶段，我国的社会生产，无论是相对于充分体现社会主义优越性所需要的物质基础来说，还是相对于发达国家的生产力水平来说，都仍将是比较落后的。在我国社会主要矛盾中，生产力落后将长期是矛盾的主要方面。要彻底改变这种情况，就必须始终坚持以经济建设为中心，集中力量不断解放和发展生产力。在社会主义初级阶段，由于国际和国内的因素，阶级矛盾和阶级斗争仍将在一定范围内长期存在，在某种条件下还有可能激化。对此，我们一定要有清醒的认识，采取正确的态度和方法去解决。但是，阶级斗争已经不再是支配和影响其他矛盾的主要矛盾。在全面建设小康社会的阶段，党必须始终坚持以经济建设为中心，用发展的办法解决前进中的问题。在经济发展的基础上，促进社会全面进步，不断提高人民生活水平，保证人民共享发展成果。

## 六、关于社会主义初级阶段的基本路线的拨乱反正

党的基本路线是党在一定历史时期为解决社会主要矛盾制定的行动纲领，是总揽全局的根本指导方针。党在社会主义初级阶段的基本路线，是在总结过去制定和贯彻基本路线的经验和教训的基础上，在改革开放和社会主义现代化建设实践的过程中逐步形成的。

1987年党的十三大在科学阐述社会主义初级阶段理论的同时，正式提出了党在社会主义初级阶段的基本路线：领导和团结全国各族人民，以经济建设为中心，坚持四项基

本原则，坚持改革开放，自力更生，艰苦创业，为把我国建设成为富强、民主、文明的社会主义现代化国家而奋斗。党的十七大通过的党章又把“和谐”与“富强、民主、文明”一起写入了基本路线。这表明经过多年的实践和探索，我们党对奋斗目标的认识逐渐深化，实现了中国特色社会主义事业总体布局与奋斗目标的有机统一。党在社会主义初级阶段的基本路线高度概括了党在社会主义初级阶段的奋斗目标、基本途径、根本保证、领导力量和依靠力量以及实现这一目标的基本方针，体现了运用社会主义社会基本矛盾运动的规律，紧紧抓住了中国现阶段的主要矛盾，全面推进历史进步，实现民族振兴、民富国强的要求。

## 第二节　在经济体制上的思想解放

### 一、社会主义市场经济体制建立的背景

我国社会主义制度建立后，建设社会主义应当实行什么样的经济体制，这是党执政后面临的一个重大问题。随着国

民经济的恢复，第一个五年计划的实施，以及对生产资料私有制的社会主义改造的全面展开，我国逐步形成了高度集中的计划经济体制。选择这样的经济体制，有当时的主客观条件。

从客观条件看，我国的生产力水平十分低下，国民经济实力十分薄弱，现代工业很少。在这样的基础上进行工业化建设，建立高度集中的计划经济体制，有利于迅速、有效地集中全国的经济力量，为大规模经济建设创造各种条件。苏联在计划经济体制下社会主义建设取得的世人瞩目的巨大成就，对我国经济体制的选择产生了直接的影响。同时，在经济结构简单、科技水平不高、社会利益关系相对单纯的情况下，计划经济体制也能够比较顺利地运行。这也是中国选择计划经济的客观条件。从主观条件来说，当时在理论上普遍把计划经济看成是社会主义区别于资本主义的重要特征。在这样的背景下，在我国建立高度集中的计划经济体制自然成为合乎逻辑的选择。

20世纪50年代，计划经济体制在我国社会主义建设初期发挥了重要的作用。建国之初，在当时整个国民经济实力非常薄弱的情况下，我国能够集中力量开展一些大型工业建设，比较迅速地初步建立起社会主义工业化基础，初步建立了比较完整的独立的工业化体系和国民经济体系。这些成就是与计划经济体制的作用分不开的。但是在继续运行过程中，高度集中的计划经济体制也暴露出了不少问题。它的主要弊端是：国家对企业限制得过多过死，忽视价值规律、商品生产、和市场机制的作用，政企职责不分，条块分割，分配中平均主义严重，权力过于集中。这就造成了企业缺乏自主权，吃国家“大锅饭”、职工吃企业“大锅饭”的局面，严重压抑了企业和广大职工的创造性和积极性，使本来应该充满活力的社会主义经济在很大程度上失去了应有的生机。针对经济建设中出现的这些问题，以毛泽东为核心的党的第一代中央领导集体积极探索符合中国国情的经济体制。毛泽东在《论十大关系》等著作中，反思高度集中的计划经济体制，提出“要发挥中央和地方两个积极性”；认为“国家、生产单位和生产者不能只顾一头，必须兼顾三个方面”。他指出，“把什么东西统统都集中在中央或省市，不给工厂一点权力，一点机动的余地，一点利益，恐怕不妥”。提出

“各个生产单位都要有一个与统一性相联系的独立性，才会发展得更加活泼”。在社会主义改造完成以后，陈云在党的八大上就提出了“三个主体、三个补充”的构想，即“在所有制结构、经济运行和市场结构三个方面，允许保留一部分个体经营、一部分产品自由生产、一定范围的自由市场”，以此来“弥补所有制单一、忽视市场机制”的高度集中计划经济体制的不足。后来，毛泽东又提出要搞“新经济政策”，他怀疑俄国新经济政策结束得过早了。20世纪50年代末60年代初，毛泽东在纠正“大跃进”中的错误时，针对有人提出要消灭商业、货币的错误观点，指出：“我国是一个商品生产很不发达的国家，很需要有一个发展商品生产的阶段，必须有计划地大力发展商品生产。”他认为“商品生产的命运，最终和社会生产力的水平有密切关系，因此，即使实现了单一的社会主义全民所有制，如果产品还不很丰富，某些范围内的商品生产和商品交换仍然有可能存在”。针对“一平二调”的共产风，他提出“价值法则是一个伟大的学校，只有利用它，才有可能教会我们几千万干部和几万万人民建设社会主义”。社会主义建设初期党的领导人这些创造性的思想，为后来我们提出社会主义市场经济理论提供了有益的启示。但是，由于在思想上没有摆脱把计划经济和市场经济分别看作是社会主义和资本主义两种不同社会制度的基本特征的束缚，当时提出的改革措施至多只是加强一些市场调节的作用和力度，不可能突破计划经济体制总的框架。此后由于“左”的思想的发展，这种探索没有也不可能继续得到前进和发展。

## 二、社会主义市场经济体制的建立

改革开放以后，随着经济体制改革的不断深化和理论的创新，建立社会主义市场经济体制最终成为我国经济体制改革选择的目标模式。

党的十一届三中全会为中国开启了改革开放的崭新步伐，中国进入了建设中国特色社会主义新时期。经济体制改革的一个主要方面，就是改变计划经济一统天下的僵化状况，将社会主义与市场经济联系起来。这里面有一个如何正确认识市场经济与社会主义制度的关系问题。改革开放初期的实践尝试，为如何发挥市场调节的作用，如何遵循价值规律、发展商品经济提供了许多经验。实践的发展要求在理论上实现创新，以更好地推进改革开放深入发展。早在改革开放初期，邓小平在思考如何才能更有效地发展生产力时，就已经提出了社会主义与市场经济的关系问题。他多次指出，“我们原来对什么是社会主义、怎样建设社会主义的问题没有完全搞清楚，不是完全清醒的”。过去我们一直搞计划经济，但计划体制下的高度集权把经济搞得太死，企业缺乏应有的活力，这证明只搞计划经济会束缚生产力的发展。邓小平指出，“我们有些经济制度，特别是企业的管理、企业的组织这些方面，受苏联的影响比较大。这些方面资本主义国家先进的经营方法、管理方法、发展科学的方法，我们应当学习”。他认为，“学习资本主义的某些好东西，不等于实行资本主义”。从开始思考这个问题时，邓小平就没有把计划经济和市场经济和社会制度等同起来，他并不把计划或市场看成是资本主义或社会主义的基本特征，而只是把他们看作组织经济活动的手段。1979年，他就提出，“只有资本主义的市场经济肯定是不正确的，市场经济在封建社会时期就有了萌芽，社会主义应当把计划经济和市场经济结合起来，才能解放生产力，加速经济发展。社会主义也可以搞市场经济，这个不能说是资本主义”。不搞市场经济，世界上的信息都不知道，是自甘落后。

我国社会主义市场经济理论是伴随改革开放实践发展而形成和发展起来的。最初的步骤是突破计划经济大一统，完全排除市场调节的观念。1981年，党的十一届六中全会《关于建国以来党的若干历史问题的决议》中，提出了“计划经济为主，市场调节为辅”的方针。虽然这一提法仍然坚持计划经济总体框架不变，但是从此我国开始允许市场调节存在和发挥作用，这就为社会主义市场经济理论开辟了道路。这个提法得到了党的十二大的肯定。1984年10月，党的十二届三中全会通过的《中央关于经济体制改革的决定》首次提出“在公有制基础上有计划的商品经济”的新概念，明确肯定“商品经济的充分发展是社会主义经济发展的不可逾越的阶段，是实现我国经济现代化的必要条件”。虽然它同时还强调，“就总体说，我国实行的是计划经济，即有计划的商品经济”，但不再把商品经济同计划经济对立起来，这是社会主义经济理论的重大突破。邓小平高度评价了这一理论突破，将之肯定为是马克思主义的基本原理同中国实践相结合的政治经济学。认为这种突破说出了马克思主义创始人没有说过的新话，是对什么是社会主义经济作出了新的解释。理论发展的基础是社会主义改革的实践。正如邓小平指出的，“没有前几年的实践不可能写出这样的文件。写出来，也很不容易通过，会被看作‘异端’”。

随着社会主义改革实践的进一步发展，党的十三大提出了社会主义有计划商品经济的体制，应该是“计划与市场内在统一的体制”。“计划和市场的作用范围都是覆盖全社会的”，新的运行机制总体上来说应当是“国家调节市场，市场引导企业”的机制。后来，又提出“计划经济与市场调节相结合”。从这些提法的演变可以看出，改革实践不断地提升市场在社会主义建设中的地位和作用，在经济运行过程中越来越依靠市场来配置资源。1987年邓小平再次强调，“计划和市场都是方法，只要对发展生产力有利，就可以利用。我们以前是学苏联的，搞计划经济。后来又讲计划为主，现在不要再讲这个了”。社会主义市场经济这个概念呼之欲出。

20世纪80年代后期，我国社会经济运行中市场调节的比重已经超过了计划调节。在当时，国际社会发生了东欧剧变、苏联解体等事件，共产主义运动陷入低谷。而国内，虽然经济体制改革取得了很大的成就，但是十几年中也出现了许多的新的矛盾和困难。如何把改革开放事业推向前进，使社会主义事业得到更快的发展，理论和实践上都需要有新突破。在这样的背景下，邓小平在总结实践新经验、坚持实事求是、借鉴其他国家文明发展的有益成果的基础上，于1992年南方谈话中明确指出："计划多一点还是市场多一点，不是社会主义与资本主义的本质区别。计划经济不等于社会主义，资本主主义也有计划；市场经济不等于资本主义，社会主义也有市场。计划和市场都是经济手段。"这一精辟论述，从根本上解除了把计划和市场看作属于社会制度范畴的陈旧观念，打破了计划经济和市场经济是社会制度属性的错误束缚，为社会主义市场经济理论形成奠定了坚实的基础。根据邓小平的这一思想，1992年6月，江泽民第一次提出了"社会主义市场经济体制"作为建立新经济体制的建议，得到了邓小平的赞同。党的十四大明确把建立社会主义市场经济体制作为我国经济体制改革的目标，使我们党在社会主义经济理论上实现了又一次重大突破。

邓小平是社会主义市场经济理论的奠基人。江泽民在这个基础上提出了社会主义市场经济的改革目标，并在党的十四大得到确认。社会主义市场经济的理论具有丰富的内涵。一是认为计划与市场都是经济手段，这突破了过去公认的它们分别代表社会主义和资本主义两种经济制度本质的错误观念。二是计划和市场作为经济调节的两种手段，它们对经济活动的调节各有优势和长处，也都有自身的不足和缺陷。在存在着复杂经济关系的条件和社会化大生产下，市场经济具有更强的适应性、更高的效率和更显著的优势。但是市场经济的自发性、盲目性会引发短期行为、恶性竞争、道德缺失等；而计划经济不能有效解决激励和效率问题。三是市场经济作为资源配置方式的一种本身不具有制度属性，但是，它与社会主义制度相结合而形成的经济体制，则必然带有社会主义基本制度的特征。把市场经济与社会主义基本制度有机结合起来，既可以充分利用市场经济对发展生产力的作用，又充分发挥社会主义制度的优越性。

党的十四届三中全会通过的《中共中央关于建立社会

主义市场经济体制若干问题的决定》，进一步明确了建立社会主义市场经济体制的基本框架，其基本内容是：建立现代企业制度，培育和发展市场体系，建立健全宏观经济调控体系，建立合理的个人收入分配和社会保障制度。经过20世纪90年代的不断深化改革和建设，20世纪末，我国已经初步建立了社会主义市场经济体制。在此基础上，2003年，党的十六届三中全会作出的《中共中央关于完善社会主义市场经济体制若干问题的决定》，根据实践发展的要求，对进一步完善社会主义市场经济体制提出了明确的目标和任务。2007年，党的十七大根据在新的历史时期经济发展目标，提出了“在完善社会主义市场经济体制方面要取得重大进展的要求，从制度上更好发挥市场在资源配置中的基础性作用，形成有利于科学发展的宏观调控体系。加快形成统一开放竞争有序的现代市场体系，发展各类生产要素市场，完善反映市场供求关系、资源稀缺程度、环境损害成本的生产要素和资源价格形成机制。完善国家规划体系，发挥国家发展规划、计划、产业政策在宏观调控中的导向作用，综合运用财政、货币政策，提高宏观调控水平”等。我们党确立社会主义市场经济体制的目标模式，并在实践中不断完善这一体制，正确解决了关系整个社会主义现代化建设全局的一个重大问题。

社会主义市场经济体制是社会主义基本制度与市场经济的结合。一方面，它必然体现社会主义的制度特征，另一方面，它又具有市场经济的一般特征。作为社会主义的制度特征，主要表现在以下几个方面：一是在所有制结构上，以公有制为主体、多种所有制经济共同发展，一切符合“三个有利于”标准的所有制形式都可以而且应该用来为社会主义服务。在公有制为主体的前提下，公有制企业与其他企业在市场经济中平等竞争、共同发展，国有经济在国民经济中发挥主导作用。二是在分配制度上，以按劳分配为主体、多种分配方式并存。运用包括市场在内的各种调节手段，既鼓励先进，促进效率，合理拉开收入差距，又防止两极分化，注重社会公平，逐步实现共同富裕。三是在宏观调控上，以实现最广大劳动人民利益为出发点和归宿，社会主义国家能够把人民的当前利益与长远利益，局部利益与整体利益结合起来，使市场在社会主义国家宏观调控下对资源配置起基础性作用，更好地发挥计划和市场两种手段的长处。

从市场经济运行的一般规律看，社会主义市场经济与资本主义市场经济具有共性，所以资本主义国家在运用市场经济过程中一切有益的经验和做法都值得我们借鉴和吸收。但二者又是两种不同的社会制度与市场经济的结合，它们体现的市场经济又具有不同的社会经济制度前提。市场经济与不同的经济制度结合，就会体现出不同的制度特征。社会主义制度与市场经济结合，就要坚持以公有制为主体，坚持以按劳分配为主体，坚持以实现共同富裕为目标。离开了这些特征，就不是社会主义市场经济，而资本主义市场经济则不具有这样的特征。坚持建设中国特色社会主义经济，走社会主义市场经济的发展道路，最重要的就是坚持社会主义基本制度与市场经济的结合。这是我们的特色所在。如果离开了社会主义基本制度，就会走向资本主义。邓小平指出：“社会主义市场经济优越性在哪里？就在四个坚持。”江泽民也强调：“我们搞的是社会主义市场经济，‘社会主义’这几个字是不能没有的，这并非多余，并非‘画蛇添足’，而恰恰相反，这是‘画龙点睛’。所谓‘点睛’，就是点明我们市场经济的性质。”那种认为市场经济就是市场经济，没有什么社会主义市场经济与资本主义市场经济之分的观点是错误的。原因在于这样的观点，没有看到与市场经济相结合的社会制度的不同特征，只看到市场经济具有的共性。建设中国特色社会主义经济，就是建设社会主义市场经济，离开了社会主义基本制度，抽象地讲市场经济，不是中国特色的社会主义市场经济。

坚持社会主义基本制度同发展市场经济结合，是我们总结改革开放以来经济建设和社会发展的成功经验。只有这样，才能发挥社会主义制度的优越性，同时也发挥市场配置资源的有效性，使全社会充满改革发展的创造力。多年来，不断解放和发展社会生产，既在广泛的变革中坚持了社会主义基本制度，又创造性地发展了社会主义条件下的市场经济，使经济活动遵循价值规律的要求，既增强了综合国力，又提高了人民群众的生活水平。建立和完善社会主义市场经济体制，是我们党对马克思主义和社会主义的历史性贡献。

## 第三节　姓“资”姓“社”之争的定论

我国的改革是全面的改革，这是由改革的任务决定的。

邓小平认为，“实现社会主义现代化，是一场根本改变我国经济和技术落后面貌、巩固社会主义制度的伟大革命”。这场革命“既然要大幅度地改变落后的生产力，就必然要多方面地改变生产关系中不适应生产力发展的部分，改变上层建筑中不适应经济基础变化的部分，改变一切不适应生产力发展的管理方式、活动方式和思想方式，使之适应于现代化大经济的需要”。

改革是一项崭新的事业，如何评价和判断它的成败与是非得失？邓小平在1992年的南方谈话中，明确地提出了“三个有利于”的标准。即要“以是否有利于发展社会主义社会的生产力、是否有利于增强社会主义国家的综合国力、是否有利于提高人民生活水平作为判断改革得失成败的标准”。

“三个有利于”标准，强调的是对于改革的一些具体政策措施，必须从抽象的姓“社”姓“资”的争论中摆脱出来，放开手脚，大胆尝试，大胆地闯，把注意力放到研究用什么手段和方法才能有利于发展社会主义社会的生产力、有利于增强社会主义国家的综合国力和有利于提高人民的生活水平上来，不要因纠缠于抽象的姓“社”还是姓“资”的争论而贻误改革的时机，从而在根本上损害社会主义社会的发展。但是，在改革的性质问题上，则不能不问姓“社”还是姓“资”，而是必须理直气壮地坚持社会主义方向。“三个有利于”标准中明确提出的是发展“社会主义社会”的生产力，增强“社会主义国家”的综合国力和“提高人民生活水平”，说明这个标准本身强调的是必须有利于社会主义建设事业的发展。

在改革开放的具体政策措施上之所以不能陷入姓“社”还是姓“资”的抽象争论，一方面是因为，不能把一切产生于资本主义并在资本主义社会得到广泛应用但本身不具有社会制度属性的经济现象，都认为具有资本主义的性质而加以否定；另一方面，在社会主义初级阶段也不能无条件地拒绝和否定一切资本主义的经济成分和因素。坚持“三个有利于”标准，就是“既不要把那些合乎‘三个有利于’、本来姓‘社’的东西，错误地判定为姓‘资’而加以排斥；也不要把那些合乎‘三个有利于’、不具有特殊的社会制度属性、资本主义可以用社会主义也可以用的东西，错误地判定为姓‘资’而加以排斥；而对于那些确实姓‘资’，但合乎

‘三个有利于’、可以为社会主义所利用的东西，也要允许其存在和支持其发展”。凡是合乎“三个有利于”标准的，就是为社会主义所需要和允许的。

进入新世纪新阶段，我国社会主义市场经济体制初步建立，但影响发展的体制机制障碍依然存在，改革攻坚面临着深层次的矛盾和问题。深入贯彻落实科学发展观，要求我们继续深化改革开放。继续推行经济、政治、文化、社会体制的改革创新，加快改革步伐，全面提高开放水平，着力构建有利于科学发展的体制机制，为发展中国特色社会主义提供强大动力和体制保障。

# 第四章　1997年：第三次思想大解放
# 解决姓“公”姓“私”问题

第二次思想大解放以后，我国经济进入高速发展的快车道。随着姓“社”姓“资”问题的解决，国家所有制结构发生巨大变动，非公有制经济得到迅速发展。而人们很快发现，民营经济发展了，个体经济发展了，唯独国有经济举步维艰。国有经济怎么发展？所有制问题无可回避地摆在了我们面前。进一步，社会主义初级阶段应该有怎么样的经济体制？中国的基本经济制度如何定位？围绕这些问题党内外出现了一些不同意见甚至尖锐的对立观点。在1997年前后，围绕着国有经济改革等重大问题展开的争论：什么是社会主义公有制？怎样建设社会主义公有制？有人把这场争论概括为是姓“公”还是姓“私”。围绕“公”“私”之争，理论交锋不断。进一步发展社会主义市场经济，必须对这个问题作出明确的解释。

## 第一节 社会主义初级阶段的基本经济制度

### 一、对非公有制经济的定位

在关于所有制问题的论战中，有一个最引人注目的焦点问题，那就是非公有制经济的发展。改革开放以来，非公有制经济发展的迅猛势头让许多人感到措手不及。特别是在城乡个体经济得以恢复和发展，其经营规模日渐扩大，雇工现象在各地的出现，一度在社会上引起广泛的关注。雇工问题也一度成为思想界、理论界关注的焦点。中共中央、国务院在十一届三中全会上批转的两个农业文件的基础上，又迅速批转了第一个有关发展个体经济的报告。报告中指出："各地可根据市场需要，在取得有关业务主管部门同意后，批准一些有正式户口的闲散劳动力从事修理、服务和手工业者个体劳动。"在这个报告的推动下，非公有制经济开始了它的春天，也开始了它在是是非非争议中的艰难行程。在改革开放初期，引起全国性争论的有两个经营承包大户，一个是广东省高要县的陈志雄，一个是安徽省芜湖市的年广久。陈志雄是广东省高要县的农民。1979年承包8亩鱼塘，第二年扩大到105亩，并开始雇长工1人，净收入一万多元。第三年扩大到357亩，雇工的规模也随之扩大，雇长工5名，净收人近4万元。年广久绰号“傻子”，于1983年1月成立了安徽省芜湖市傻子瓜子总厂，雇工最多时达103人，年加工、销售瓜子近千万斤，其自有财产增加到几百万元，仅1984年就纳税30多万元。

1981年5月至9月，《人民日报》就“怎样看待陈志雄承包鱼塘问题”，在报纸上展开了专题讨论。当时人们讨论较多的不是陈志雄的承包，而是他的“雇工”。对此人们提出了三种不同的看法：一种意见认为，雇工经营是一个大的原则问题，我们的社会里是不能允许剥削存在，而雇工就必然有剥削。搞承包不能忘了坚持社会主义，因而绝不能允许雇工。第二种意见否认存在剥削，认为承包的鱼塘是集体的，生产资料的公有性质没有改变。陈志雄雇工同生产资料私有制条件下的雇工在性质上还是有所不同的。他们的结合，是一种新的劳动组合和协作，他们之间是平等的劳动伙伴关系。第三种意见认为，应该承认客观事实，陈志雄付给被雇人员的报酬低于他们付出劳动所创造的价值，陈志雄的收入中存在剥削是肯定的，而且雇工越多，占有他人创造的财富也就越多。但这种剥削在我国现阶段是应该允许的。对于一度闹得沸沸扬扬的“傻子瓜子”问题，更是给全中国的理论家出了一道天大的难题。因为年广久炒“傻子瓜子”居然雇请了12个工人，按照《资本论》中所划的杠杠，雇请的工人超过8人，就开始占有工人的剩余价值，就算资本家了。而几乎所有的社会主义理论中，“七上八下”是一条铁定的界线，年广久的瓜子工厂居然雇了12人，其性质几乎不言而明。在鲜活的现实面前，“经典”终于显出它的苍白和尴尬。“傻子”出的这道难题，也让全中国的理论家们争得面红耳赤。1984年10月22日，邓小平在一次讲话中针对有些人的担心，明确指出：“我的意见是放两年再看。那个能影响到我们的大局吗？如果你一动，群众就说政策变了，人心就不安了。你解决了一个‘傻子瓜子’，就会牵动人心不安，没有益处。让‘傻子瓜子’经营一段，怕什么？伤害了社会主义吗？”正如《激荡三十年》一书所评论的：“年广久因邓公一言而名留中国改革史。而在对待民间企业的政策上，这仅仅是第一道撕开的小口子，一道很小很小的却决定了中国企业命运的小口子。在政策上，真正去掉对雇工数量的限制，还要等到1987年，在那一年的中央5号文件中，私营企业的雇工人数才被彻底放开。”

进入新世纪以来，民营经济在中国的社会经济中的地位和作用发生了历史性的变化。20世纪90年代中期以后，针对非公有制经济的潮流，社会上出现了所谓“万言书”。“万言书”内容焦点几乎都集中在所有制的问题上，认为所有制结构的变化，是导致社会主义变质、执政党变质、孳生资产阶级的渊薮的根源。其矛头所指，是邓小平理论和中国共产党推行的路线方针政策，其论述范围涵盖政治、经济、文化等多种领域，其思想指向，一言以蔽之，是反对改革开放，提倡阶级斗争，恢复极“左”路线。正在这个关键时刻，改革开放的总设计师邓小平离开了我们。中国的改革开放又面临着一次重大的考验。

以江泽民为核心的第三代领导集体冷静地应对了这一

复杂局面。江泽民在关键时刻发表了两次极其重要的讲话。1997年1月，他在同十五大报告起草小组的同志谈话时强调，“以公有制为主体、多种所有制经济共同发展，是我国社会主义初级阶段的一项基本经济制度。这项制度需要通过改革不断完善和发展，这是经济体制改革的一项重大任务，任何情况下也不能动摇”。1997年5月，江泽民在中央党校省部级干部进修班毕业典礼上强调，“在社会主义改革开放和现代化建设的新时期，在跨越世纪的新征途上，一定要高举邓小平建设有中国特色社会主义理论的伟大旗帜，用这个理论来指导我们的整个事业和各项工作，这是党从历史和现实中得出的不可动摇的结论”。这两次重要讲话，进一步解放了人们的思想，回答了来自“左”和右的责难，指明了在所有制领域推进改革开放的正确方向。1997年党的十五大，在新时期思想解放的历史上又迈出了重要的一步。在这次会议上，确立了邓小平理论为党的指导思想，提出了党在社会主义初级阶段的基本纲领，回答了我国改革开放中遇到的一系列重大问题，包括明确了公有制为主体多种所有制经济共同发展是我国社会主义初级阶段的基本经济制度，非公有制经济是社会主义市场经济的重要组成部分，公有制实现形式可以而且应当多样化，等等。党的十五大对我国的市场经济体制、基本经济制度和分配制度的新表述，对公有制主体地位和国有经济主导作用的新界定，对公有制实现形式多样化和多种经济成分共同发展的新强调，都是认识上的新发展，大大推动了中国特色社会主义建设。

## 二、社会主义初级阶段基本经济制度的确立

改革开放以来，我国所有制结构发生了巨大变化，原来的单一公有制已经为公有制为主体、多种所有制共同发展所替代。党的十五大明确提出，“以公有制为主体、多种所有制经济共同发展，是我国社会主义初级阶段的一项基本经济制度”。社会主义初级阶段基本经济制度的确立，表明党在所有制理论上的成熟。

在社会主义初级阶段，应该建立怎样的所有制结构，确立什么样的基本经济制度，我们党的认识有一个逐步深化的过程。这里的根本问题是如何正确认识非公有制经济在我国经济中的地位和作用。改革开放以前，由于对基本国情的认

识超越了社会主义初级阶段的实际，对非公有制经济采取了限制甚至排斥的做法。从改革开放开始到党的十二大已经开始肯定“劳动者的个体经济是公有制经济必要的补充”。经过80年代的经济与社会发展，党的十三大把“私营经济、中外合资合作经济、外商独资经济同个体经济一起作为公有制经济必要的和有益的补充”。党的十四大根据实践的发展，进一步强调，“多种经济成分长期共同发展，不是权宜之计，而是一项长期的方针”。党的十五大在深刻总结改革开放以来所有制结构改革经验的基础上，明确提出，“公有制为主体、多种所有制经济共同发展，是我国社会主义初级阶段的基本经济制度，非公有制经济是我国社会主义市场经济的重要组成部分”。这表明了我们党对初级阶段基本经济制度的认识提高到了一个新的水平。

长期以来，我们没有切实从我国社会主义初级阶段生产力发展水平的实际出发，只是抽象地从马克思主义一般原理出发，思考所有制结构问题。这造成在很长的一段时间里我们对社会主义初级阶段基本经济制度没有形成正确的认识，而我国与其他社会主义国家的建设实践，为我们带来了深刻的经验与教训。这使我们认识到，判断一种所有制形式是否有合理性，是否有优越性，不能仅仅从抽象的概念出发，而必须从具体国情出发。依据马克思主义原理，建立怎样的所有制结构，从根本上说要看它是否符合本国的具体国情，是否适应当地当时生产力发展的要求，而不能简单地以公有化程度作为衡量标准。社会主义初级阶段基本经济制度的提出，表明我们党在改革开放的过程中，始终坚持马克思主义的基本理论和方法，坚持从中国的实际出发解决问题，因此对中国特色社会主义经济有了越来越清晰的认识。

确立公有制为主体、多种所有制经济共同发展的基本经济制度其基本根据是：

第一，公有制生产关系是社会主义区别于资本主义的本质特征，是社会主义经济制度的基础，是劳动人民当家做主的基本依据，也是社会化大生产的客观要求。必须坚持公有制主体的地位。没有公有制经济作为主体地位，就不能确保我国的社会主义性质，就不能巩固和发展社会主义制度，就不能坚持社会主义道路。

第二，我国还处在社会主义初级阶段，生产社会化的程度还不高，生产力还不发达，发展还很不平衡，要适应生产力的要求，必须在公有制为主体的条件下发展多种所有制经济。离开了多种所有制经济，就会重蹈违背国情、超越阶段的覆辙，就背离了社会主义初级阶段的实际。而且现在看来，即使未来我们实现了现代化，仍然需要多种所有制经济共同发展。因为那时仍然会存在多种不同水平的生产力，需要有相适应的不同所有制形式。

第三，只要符合“三个有利于”标准的所有制形式，都应该而且可以用来为发展社会主义服务。那种认为只要进入社会主义社会就不能发展非公有制经济的主张，已被实践证明是不符合社会主义初级阶段实际的。社会主义初级阶段基本经济制度，既包括作为社会主义经济的公有制经济，也包括不是社会主义经济基础的非公有制经济。把非公有制经济纳入到基本经济制度之中，是因为它们同作为主体的公有制经济一样，都是为社会主义服务的，因此也是社会主义初级阶段中国特色社会主义经济的内容，而不是因为它们也是社会主义性质的经济。中国特色社会主义的特色，就在于社会主义初级阶段的经济兼有社会主义和非社会主义两种不同的经济。既不能因为其地经济成分属于基本经济制度，就认为它们也是社会主义经济，也不能因为他们不属于社会主义性质就将它们排除在基本经济制度以外。社会主义初级阶段基本经济制度的确立，更加有利于巩固和发展社会主义制度，更加有利于促进社会生产力的发展。它能够把初级阶段的现实需求和社会主义的本质特征有机统一起来。因而坚持公有制为主体、多种所有制经济共同发展的基本经济制度，必须区分社会主义初级阶段基本经济制度同单一公有制以及私有化的差异。主张搞私有化，是认为只有资本主义私有制才能搞市场经济，才能促进经济发展。这样的观点既不符合世界上大多数国家，尤其是发展中国家的事实，也不符合我国经济发展的实际。改革开放多年来，中国取得的举世瞩目的成就充分说明了这一点。同样，如果我们回到单一公有制的发展道路上，也会使社会主义现代化事业走向歧途。历史经验表明，在社会主义初级阶段，单一公有制是不合适的，只会导致丧失经济活力、生产力发展落后。改革开放以来我们打破了单一公有制的局面，坚持多种所有制经济共同发展，不但没有动摇和削弱公有制经济的主体地位，反而巩固、发展了公有制的主体地位，增强了国有经济的控制力。

## 三、坚持公有制的主体地位

社会主义初级阶段基本经济制度确立后，随着实践的发展，党的十六大进一步提出坚持和完善基本经济制度的原则是要做到两个“毫不动摇”和一个“统一”。即“必须毫不动摇地巩固和发展公有制经济；必须毫不动摇地鼓励、支持、引导非公有制经济发展；坚持公有制为主体，促进非公有制经济发展，统一于社会主义现代化进程中，不能把两者对立起来”。各种所有制经济完全可以在市场竞争中发挥各自优势，共同发展，相互促进。

党的十六大指出，“毫不动摇地巩固和发展公有制经济，是坚持和完善社会主义初级阶段基本经济制度必须遵循的一条基本原则”。马克思主义认为，“所有制是社会经济制度的核心和基础，决定着社会经济制度的性质”。坚持公有制的主体地位，对于发挥社会主义制度的优越性具有关键性作用。公有制经济是我国社会主义的支柱和国家进行宏观调控的主要物质基础，是社会主义经济的根本体现。我国是社会主义国家，必须坚持公有制的主体地位。我国对所有制结构的改革，发展多种所有制经济也是以确保公有制的主体地位为条件的，是以坚持公有制的主体地位为前提的。任何否定公有制主体地位的观点，在实践上是有害的，在理论上是站不住的。

巩固和发展公有制经济，需要对社会主义公有制经济有一个正确的理解。社会主义公有制作为一种生产关系的概念，其实质是“全社会成员或部分社会成员共同占有生产资料，实现了人们在生产资料面前的平等”。不是任何一种形式上属于共同所有的企业和组织都是社会主义公有制。在公有制范围内，“任何个人或少数人都不能利用生产资料为自己牟取私利对生产资料的支配、使用”，“由此取得的收益都必须服从于和服务于他们的共同意志和需要”。把握了这一实质，就不会把一些以“公众所有”或“社会所有”的名义出现的企业和组织，混同于社会主义公有制。因为这些企业和组织中真正的经济大权始终掌握在极少数人的手里，是以个人出资多少为依据来确定他们权力大小和利益分配，不同的个人或集团，对该企业或组织中并不具有平等的权利和利益，因此不符合社会主义公有制的平等和收益公有的基本特征。

坚持公有制的主体地位，必须全面认识公有制经济的含义。由于以往我国不存在其他的公有制形式，所以过去我们把公有制经济局限地理解为仅仅包括全民所有制和集体所有制两种形式。改革开放以来，随着合资、合作经营企业以及各种跨所有制股份企业的发展，特别是随着实行改组、联合、兼并等形式的出现，以及在深化企业改革进程中形成的具有较强竞争力的跨所有制和跨国经营的企业集团的出现，如果对公有制经济的理解还只是局限于原有的集体所有制和全民所有制两种形式，显然不符合已经发展了的客观现实。实践表明，公有制经济不仅包括国有经济和集体经济，还包括混合所有制经济中的国有和集体成分。将这部分公有成分纳入公有制经济的范围，有助于更好地坚持公有制的主体地位和发挥国有经济的主导作用。

公有制的主体地位主要体现在两个方面：一是公有资产在社会总资产中占优势；二是国有经济控制国民经济命脉，对经济发展起主导作用。这是就全国而言的，有的地方、有些产业可以有所差别。鉴于过去只重视扩大公有资产在数量上的优势，不注意质量的提高，党的十五大特别提出，公有资产占优势，要有量的优势，更要注重质的提高。

国有经济起主导作用，主要体现在控制力上。国有经济需要控制的行业和领域主要包括：自然垄断的行业，涉及国家安全的行业，提供重要公共产品和服务的行业，以及高新技术产业和支柱产业中的重要骨干企业。在其他领域，可以通过资产重组和结构调整，根据“有进有退，有所为有所不为”的原则，加强重点，提高国有资产的整体质量。对主体地位和主导作用这一新的表述，使人们对公有制经济地位和作用的认识，从单纯看它们在国民经济中所占的比重，扩展到质和量的统一的观点上去观察和分析问题，从偏重于量的优势发展到更加重视质的提高。这为更好地坚持公有制经济的主体地位，发挥国有经济的主导作用，拓宽了思路，奠定了坚实的基础。在坚持公有资产在社会总资产中占优势的条件下，只有努力使公有制经济不断提高生产要素的配置效率和整体素质，注重规模经济效益和结构优化，加速技术进步，加强科学管理，在竞争中处于优势地位，这样才能真正坚持主体地位，数量优势才有实际意义。只要坚持国有经济控制国民经济命脉，公有制为主体，在经济中的控制力和竞争力得到增强，在这个前提下，国有经济比重减少一些，不会影响我国的社会主义性质。

巩固和发展公有制经济，还要努力发展能够促进生产力发展的公有制实现形式。我们过去总以为公有制就是传统的国有企业和农村集体经济组织。这是在认识上的一个失误。是把公有制和公有制的实现形式混为一谈。公有制经济的实现形式和性质是两个不同层次的问题。所有制作为生产关系的基础，有公有制与私有制、社会主义所有制与资本主义所有制的区别。公有制经济的性质体现在所有权的归属上，坚持公有制的性质，根本的是坚持国家和集体对生产资料的所有权。而所有制的实现形式是采取怎样的组织形式和经营方式问题，在这个问题上没有“公”与“私”、“社”与“资”的区分。只要能够有利于生产力的发展，公有制的实现形式可以而且应当多样化。不同的所有制可以采取相同的实现形式，同样的所有制可以采取不同的实现形式。因为实现形式要解决的是发展生产力的组织形式和经营方式问题，要根据生产规律的要求，采取多样化的经营方式和组织形式使国有经济在获得广阔的发展空间，一切反映社会化生产规律的经营方式和组织形式都可以大胆利用。

适应经济市场化不断发展的趋势，进一步增强公有制经济的活力，要大力发展国有资本、集体资本和非公有资本参股的混合所有制经济，使股份制成为公有制的主要实现形式，实现投资主体的多元化。股份制是资本集中的一种形式，它可以弥补个别资本积累和积聚的不足，在短时期内迅速集中起大量资本，缓解个别资本积累的有限性之间的矛盾。股份制不等于公有制，也不等于私有制，本身不具有制度属性，关键看控股权掌握在谁手里。在社会主义条件下，国家和集体控股，具有明显的公有性。实行股份制有利于实现所有权和经营权的两权分离，有利于扩大公有资本的支配范围，有利于提高企业和资本的运作效率，有利于实现转换机制和科学管理，增强公有制的主体地位。

## 四、鼓励、支持和引导非公有制经济发展

毫不动摇地鼓励、支持和引导非公有制经济发展，是坚

持和完善社会主义初级阶段基本经济制度必须遵循的又一条基本原则。

非公有制包括个体经济、私营经济、混合所有制经济中的非公有制成分等。必须毫不动摇地鼓励、支持和引导非公有制经济的发展，从根本上说是由它们在发展社会生产力中不可替代的地位和作用决定的。改革开放以来多年的发展，我国物质财富和社会经济状况有了很大提高，但总的说来，人口多、底子薄、生产力不发达和发展不平衡的状况仍然存在。社会主义初级阶段的生产力水平和发展的不平衡性，给非公有制经济留下了广阔的空间。鼓励、支持和引导非公有制经济发展，对于充分调动社会各方面的积极性，促进经济增长、扩大就业、活跃市场和满足人民多样化需要等方面具有重要作用。

毫不动摇地鼓励、支持和引导非公有制经济发展，还因为它是我国社会主义市场经济的重要组成部分，在加强社会主义市场经济体制建设方面有着不可替代的作用。在社会主义初级阶段，非公有制经济的存在和发展，提供了多种市场经济主体，这是建立社会主义市场经济体制不可缺少的条件；能够更好地增强企业市场竞争力，提高企业经营管理水平；能够更好地利用外资、引进先进的技术和管理经验，为我国国有经济的体制创新提供借鉴。因此，在发展社会主义市场经济的进程中，必须把坚持公有制的主体地位和促进非公有制经济发展统一起来，而不能把这两者对立起来。促使非公有制经济健康发展，既要对它们鼓励和支持，又要对它们进行引导。一方面要放宽市场准入，允许非公有资本进入法律法规未禁入的公用事业、基础设施及其他行业和领域；坚持平等保护物权，非公有制企业在投融资、税收、土地使用等方面，与其他企业享受同等待遇，形成各种所有制经济相互促进、平等竞争新格局；支持非公有制中小企业做强做大，完善保护私产的法律制度，为非公有制经济的发展创造良好环境。另一方面要依法加强监督和管理，引导它们依法经营、诚实守信、照章纳税、保障职工合法权益，促进非公有制经济健康发展。

## 第二节　社会主义初级阶段的分配制度

社会主义初级阶段的基本经济制度决定了与此相联系的

个人收入分配实行的是按劳分配为主体、多种分配方式并存的分配制度。这一分配制度是随着我国所有制改革的不断深化和社会主义市场经济体制不断完善而逐步建立起来的。马克思主义认为，分配方式是由生产方式决定的，有什么样的生产方式，就有什么样的分配方式。因为消费资料的任何一种分配都不过是生产条件本身分配的结果，而生产条件的分配具体体现为生产资料的所有制。社会主义初级阶段的公有制为主体、多种所有制经济共同发展的基本经济制度，决定了收入分配领域必然实行按劳分配为主体、多种分配方式并存的分配制度。

## 一、坚持按劳分配的主体地位

按劳分配是社会主义的分配原则。社会主义初级阶段个人收入分配制度，必须坚持按劳分配的主体地位。社会主义公有制和社会生产力的发展水平决定了社会主义国家必须实行按劳分配的分配原则。社会主义公有制是实行按劳分配的所有制基础。生产资料公有制保证了人们在生产资料面前的平等，排除了个人凭借对生产资料的占有剥削他人劳动成果。在共同占有生产资料的基础上，每个劳动者为社会提供劳动，社会则根据劳动者的劳动数量和质量进行收入分配。社会生产力的发展水平是实行按劳分配的物质基础。当社会产品还没有极大丰富、生产力水平还没有高度发达时，劳动还没有成为生活第一需要，还是谋生的手段，人们还不能做到无偿为社会提供劳动，社会还不具备实行按需分配的条件。在社会主义社会，劳动者的劳动数量和质量存在差别。只有在个人收入分配上体现这种差别，才能充分调动劳动者的积极性。

坚持按劳分配的主体地位，体现在按劳分配是全社会分配领域中主体的分配原则，也体现在它是公有制经济内部主体的分配原则。在社会主义初级阶段，随着经济体制改革的深化，公有制的实现形式已经和正在发生着深刻的变化，职工持股、法人持股以及非公有制经济的合营等各种形式纷繁多样。因此，企业内部的分配形式也呈现多样化，企业职工收入的来源和形式已经不仅仅是依靠按劳分配。但是，只要企业仍然是公有制或公有控股企业，按劳分配就应当仍然是企业内部职工收入的主要形式，职工收入的主要部分仍然来自按劳分配。

改革开放以前，我国的分配制度虽然也是按劳分配，但是不论在国营经济还是在集体经济中，常常背离按劳分配原则，带有相当大程度的平均主义色彩。改革开放以来，邓小平反对平均主义分配状况，十分重视坚持按劳分配原则的真正实现。他把坚持按劳分配作为坚持社会主义的一个根本原则问题加以强调，指出："不讲多劳多得，不重视物质利益，对少数先进分子可以，对广大群众不行，一段时间可以，长期不行。革命精神是非常宝贵的，没有革命精神就没有革命行动。但是，革命是在物质利益的基础上产生的，如果只讲牺牲精神，不讲物质利益，那就是唯心论。"与此同时，邓小平也认为，在实践中实行按劳分配原则是一个十分复杂的问题，需要深入进行研究。坚持按劳分配的主体地位对于坚持中国特色社会主义经济的性质具有重要意义。按劳分配是社会主义公有制在分配方面的体现，只有坚持按劳分配的主体地位，才能体现社会主义初级阶段基本经济制度的社会主义性质和公有制的主体地位的最终实现，才能保证人们相互之间在平等基础上建立和谐的经济关系，才能保证向共同富裕这一目标前进。当然，也只有始终坚持公有制的主体地位，才能保证按劳分配的主体地位的实现。

## 二、多种分配方式并存

在社会主义初级阶段，存在多种分配方式。按劳分配以外的多种分配方式，其实质就是按对生产要素的占有状况进行分配。社会的生产要素是多种多样的，归纳起来可以分成两大类：一类是各种物质生产条件，如土地等自然资源以及生产厂房、设备、原材料等；另一类则是人的劳动，包括人们在生产过程中提供的活劳动、技术、信息、管理等。实行按生产要素分配，必须健全劳动、资本、技术、管理等生产要素按贡献参与分配的制度，使多种分配方式的实现具有制度保证。

按生产要素分配在私有制社会是不言而喻的，对社会主义而言则是我国改革开放的实践提出的新问题。在私有制社会之所以实行按生产资料的私有权进行分配，原因在于生产资料为奴隶主、封建地主、资产阶级所占有。社会主义初级阶段实行按生产要素分配的必要性和根据，是存在着生产要素的多种所有制。各种生产要素同劳动一起，都是物质财富和使用价值的源泉，是社会生产不可或缺的因素，当它被排他性地占有时，必须实行按生产要素分配的原则才能有效地利用它来发展生产。确立按生产要素分配的原则，同劳动价值论之间并不矛盾，因此既不能因为肯定劳动价值论而否定按生产要素分配，也不能因为肯定按生产要素分配而否定劳动价值论。

按生产要素分配有多种不同的分配形式，就其内容可以分为三种类型。

一是以劳动作为生产要素参与分配。以劳动作为生产要素参与分配的主要是被雇于非公有制经济的雇佣劳动者和个体劳动者。个体劳动者的收入是凭借自己的劳动和占有的生产资料从事个体劳动和经营所取得的收入；被雇于非公有制经济的雇佣劳动者取得的劳动收入，实际上是按劳动力价值得到的收入，是劳动者出卖劳动力商品得到的收入。以劳动作为生产要素参与分配不包括公有制中的按劳分配。因为按劳分配得到收入的劳动者不是以劳动作为生产要素参与分配，不是凭借作为独立的生产要素的所有者、以提供生产要素的身份来参与分配。这种分配与以劳动作为生产要素参与分配具有完全不同的性质。

二是劳动者以外的生产要素所有者参与分配。主要包括资本所有者在生产经营活动中凭借资本所取得的利润，生产要素的所有者将自有的货币或资本借给他人经营或存入金融机构所取得的利息，以实物形态资本租借给他人经营或使用而取得的租金等。

三是管理和知识产权类的生产要素，如科技发明、创造、信息、专利等参与分配。这类生产要素来自它们的所有者的劳动或劳动成果，在当代经济生活中发挥着越来越巨大的作用，在很大程度上决定着企业经营的成败和发展前途。

在社会主义初级阶段，实行按劳分配和按生产要奉分配结合的分配制度，有利于优化资源配置，促进经济发展，有利于最广泛最充分地调动一切积极因素，让劳动、知识、技术、管理和资本的活力竞相迸发，让一切创造财富的源泉充分涌流。

## 三、对新的社会阶层的定位

改革开放以来，随着计划经济体制向着市场经济体制的转型，社会利益格局发生变化，我国社会阶层的结构也进入了剧烈变化时期，组成中国社会的原有的各个阶级或阶层发生了分化与重组，产生了一些新的社会阶层。首先，作为我们党的阶级基础的工人阶层发生了前所未有的深刻变化。以工业为主体的物质生产部门的产业工人的数量下降，非物质生产部门的工人队伍比重大幅度增加；产业工人不仅分布在公有制企业，还分布在包括外资企业在内的非公有制企业和股份制企业；工人阶层的构成不再局限于直接参加生产过程的劳动者，还包括直接处于生产过程之外的生产的设计者、监督者和调节者；一批批有知识、有才能的人成为工人阶层新的一员，工人阶层整体科技文化素质有了新的提高，即使是工人阶层，有了“蓝领”与“白领”之分。其次，农民阶层发生了较大变化。随着乡镇企业的兴起和城市化脚步的加快，农业劳动者中出现了大量的农民工。他们不断涌向城市，农业劳动者阶层正在逐步缩小。随着农村经济现代化步伐加快，城乡二元结构被打破，农业劳动力加速分流，农民人口比重还将进一步下降。这是我国社会从农业文明走向工业文明和信息文明的必然趋势。

最为关键的是，在市场经济环境的孕育和催化下，产生了一些新的社会阶层。江泽民在庆祝中国共产党成立80周年大会上的讲话中对新出现的社会阶层及其发展趋势进行了概括，他指出："改革开放以来，我国的社会阶层构成发生了新的变化，出现了民营科技企业的创业人员和技术人员、受聘于外资企业的管理技术人员、个体户、私营企业主、中介组织的从业人员、自由职业人员等社会阶层。而且，许多人在不同所有制、不同行业、不同地域之间流动频繁，人们的职业、身份经常变动。这种变化还会继续下去。"

"新的社会阶层"的出现，也向我们提出了新的问题。这些新的社会阶层如何定位？他们姓"劳"还是姓"资"？他们起什么作用？如何看待这些新的社会群体？

新的社会阶层是在改革开放政策的允许下出现的，在社会主义国家政治经济生活的条件下存在和发展的，其活动都要遵守国家的法律和政策。他们中的大多数人是从工人阶级、农民阶级、知识分子队伍中分化出来的。他们在党的方针、政策指引下，通过诚实劳动和工作，通过合法经营，为发展社会主义生产力做出了自己的贡献。他们中的一部人，即使占有生产资料和雇佣工人，也不同于社会主义改造前的私营工商业者，是中国特色社会主义事业的建设者。

新的社会阶层是在改革开放以来的社会变革中出现的，符合社会主义初级阶段社会生产力发展的要求。首先，经济体制创新是新的社会阶层产生的重要条件。改革开放后，我国从过去单一的公有制转变为公有制为主体、多种所有制经济共同发展，不少人从公有制单位转而从事非公有制经济，这些人成为新的社会阶层的来源。其次，产业结构的变化，促成了社会阶层结构的变化。第一产业比重下降，第二、三产业的比重上升。大批职工和农民纷纷转移到第二、三产业，成为私营企业主或个体户。再次，生产力发展和经济结构的调整，使社会分工日益精细，为新的阶层的产生提供了条件。从总体上看，新的社会阶层中的广大人员，拥护共产党的领导和社会主义制度，拥护党的路线、方针和政策，遵守国家法律，热爱祖国。他们勇于开拓，敢冒风险，走出了一条艰苦创业、勤劳致富之路。伟大而艰巨的中国特色社会主义建设事业，需要全社会各方面共同努力，把新的社会阶层中的广大人员作为中国特色社会主义事业的建设者，是从实际出发、尊重实践、尊重群众得出的科学结论。坚持全心全意依靠工人阶级，发挥工人、农民阶级作为我国生产力发展基本力量的作用，支持新的社会阶层发挥建设者的作用，使全体人民都投身改革开放的伟大实践，这就必将使中国特色社会主义建设获得强大的力量源泉。

党的十六大把新时期马克思主义中国化的重大成果——“三个代表”重要思想作为全党的指导思想。“三个代表”重要思想被视为立党之本、执政之基、力量之源。这告诉我们，中国共产党在新时期要与时俱进，要保持执政地位，就要始终“代表中国社会先进生产力的发展要求，代表中国社会先进文化的前进方向，代表最广大人民的根本利益”。新社会阶层是掌握了先进生产力、先进文化的社会成员，他们也是最广大人民群众的一员。如果他们有入党的政治诉求，而且具备新时期的入党条件，他们应当也可以成为共产党组织的光荣一员。党的十六大中阐明的新社会阶层，尤其是私营企业主可以加入中国共产党的思想表明了我党在思想上的一次质的飞跃。

# 第五章　解放思想是建设中国特色社会主义的一大法宝

党的十七大明确提出了继续解放思想的要求。“解放思想是发展中国特色社会主义的一大法宝。”这是胡锦涛科学总结全国各族人民在党的领导下不断开创中国特色社会主义事业新局面所得出的一条重要结论。胡锦涛指出，在新世纪新阶段，举什么旗，走什么路，以什么样的精神状态，朝着什么样的发展目标继续前进，是我们要集中回答的问题。今天，我们已经站在一个新的历史起点上。面对国际国内形势的新变化，面对各族人民过上更好生活的期待，我们唯有继续解放思想，才能实现时代赋予的神圣职责和光荣使命。

胡锦涛指出，“坚持解放思想、实事求是、与时俱进，勇于变革、勇于创新，永不僵化、永不停滞，不为任何风险所惧，不被任何干扰所惑，使中国特色社会主义道路越走越宽广，让当代中国马克思主义放射出更加灿烂的真理光芒”。始终保持继续解放思想，坚持改革开放，对于我们党带领人民从新的历史起点出发，抓住和用好重要战略机遇期，求真务实，锐意进取，加快推进社会主义现代化，完成时代赋予的崇高使命，是至关重要的。

## 第一节　解放思想与经济发展

从1978年到今天，中国走过了解放思想的历程，也走过了改革开放30多年的历程。在这期间，解放思想是先导，改革开放是动力，解放生产力和发展生产力是主要成果。从“社会主义要消灭贫穷”，到社会主义市场经济的建立和发展，我国社会主义经济已经获得了多年的高速增长，极大地丰富了人民的物质生活。在此基础上，在新的时期，我们更要坚持思想解放，更好地推动社会生产力向前发展。

### 一、解放思想，推动国民经济又好又快发展

改革开放以来，我们实施现代化建设“三步走”战略，

推动我国以世界上少有的速度持续快速发展起来，经济总量大幅跃升，人民生活从温饱不足发展到总体小康。在经济快速发展的实践过程中，对经济发展质量和效益的认识也不断深化，越来越感到国民经济发展要既“快”，而且还要质量和效益“好”。从党的十四大到十六大，在总结的经验和问题的基础上，对“好”字不断充实内容。从原来的“效益比较好”，相继增加了“环境污染少”、“资源消耗低”、“整体素质不断提高”等要求，进一步对转变经济增长方式提出了更加明确的要求，突出了保护资源和环境，实现可持续发展的问题。党的十六届五中全会上明确提出了坚持以人为本、全面协调可持续的科学发展观。2007年党的十七大明确提出要促进国民经济又好又快发展。

提出国民经济又好又快发展，是以改革开放以来我国经济发展取得的举世瞩目的重大成就为前提的。2008年我国GDP总量上升到世界第三位，我国的经济体制实现了由高度集中的计划经济向社会主义市场经济的转变，对外开放不断扩大，我国成为世界第三贸易大国。在经济实力大幅度提升、改革开放取得重大突破的条件下，新中国成立以来长期存在的短缺状况基本改变，买方市场初步形成，人均收入水平的提高和进出口贸易的大幅度增加，推动着消费结构升级。正是这些成就和变化，为我们走向“又好又快”发展这一新的历史起点提供了一个坚实的物质基础、必要的市场供求格局和重要的体制性基础，使我们有条件提出又好又快发展的理念。

提出国民经济又好又快发展，也是进一步发展的迫切要求。进入新世纪，我国经济发展进入新阶段，随着产业结构加快调整，居民消费结构不断升级，人均收入水平提高，如何以更多的品种、更好的质量满足多样化的社会需求，通过自主创新的产品开拓市场，成为持续快速发展的关键因素。同时，随着工业化步伐加快，资源环境问题对经济发展的制约也越来越明显。发展不平衡的矛盾趋于突出。生态环境脆弱、资源相对短缺、环境容量不足，已经成为我国发展中的重大问题，不能很好地解决，经济的持续快速增长将难以为继。这表明我国国民经济的进一步发展对保护环境、节约资源和提高质量和效益、实现经济和社会协调的要求，相对说来比经济增长更加突出。这就要求我们必须“好”字当前，努力实现“又好又快发展”，“好”中求“快”。提出国民经济又好又快发展，并不意味着发展速度问题无足轻重。当前，我国社会主义初级阶段的基本国情没有变，我国仍然是一个发展中国家，现代化的任务依然十分艰巨。因此速度问题仍十分重要。我们必须把保持经济平稳较快发展作为当前经济工作的首要任务，着力在“保增长、保稳定、保民生”上下工夫。2008年以来，我们以改善民生为根本目的，以扩大内需为基本立足点，以深化改革为强大动力，以结构调整为主攻方向，以科技创新为支撑，大强度推进重点领域环节改革，大范围实施产业调整规划，大幅度提高社会保障水平，大力度鼓励技术进步和自主创新，做到了保增长与扩内需、调结构、促改革、惠民生有机结合，进一步推动了国民经济又好又快发展。

## 二、建设创新型国家

创新是一个民族进步的灵魂，是一个国家兴旺发达的不竭动力。胡锦涛作出了推进自主创新、建设创新型国家的重大决策，这是继科教兴国和人才强国战略以来我们党提出的事关社会主义现代化建设全局的重大战略决策。党的十七大进一步指出，提高自主创新能力，建设创新型国家，是国家发展战略的核心，是提高综合国力的关键。既反映了我们党对世界经济、科技发展趋势和内在规律的准确把握，也反映了我们党对我国基本国情和战略需求的科学分析。当今世界，新科技革命迅猛发展，科技作为第一生产力的地位和作用越来越突出。科学技术特别是战略高技术正日益成为经济社会发展的决定性力量，成为综合国力竞争的焦点。世界各国尤其是发达国家的国家战略中纷纷把推动科技创新作为重要环节。面对日趋激烈的国际竞争，面对世界科技发展的大势，我们必须紧紧抓住新一轮世界科技革命带来的战略机遇，更加注重自主创新，提高原始创新能力和关键核心技术创新能力，加快重大科技成果产业化，并向现实生产力转化。我们必须把科学技术真正置于优先发展的战略地位，加快建设创新型科技人才队伍，加快科技体制改革，增强发展后劲；同时要加快自主创新步伐，增强国家核心竞争力，带动我国社会生产力实现质的飞跃，努力在激烈的国际竞争中赢得和保持发展的主动权。提高自主创新能力，建设创新型国家，不仅是提高我国国际竞争力的客观需要，而且也是贯彻落实科学发展观、全面建设小康社会的重大举措，是解决我国当前发展面临的突出矛盾和问题的紧迫要求。只有通过大力推进科技进步和创新，增强自主创新能力，推动我国经济增长从资源依赖型转向创新驱动型，才能继续保持经济平稳、较快和可持续增长，实现又好又快的发展。

创新型国家，一般来说，是指将科技创新作为国家基本战略，大幅度提高科技创新能力，从而形成强大的国家竞争优势。建设创新型国家，核心就是要把增强自主创新能力作为基点，走出中国特色自主创新道路。就是要把增强自主创新能力作为国家战略，培养高水平创新人才，激发全民族创新精神，形成有利于自主创新的机制，就是要把增强自主创新能力作为转变经济发展方式、调整经济结构的中心环节，建设资源节约型、环境友好型社会，推动国民经济又好又快发展。

建设创新型国家，科技是关键，人才是核心，教育是基础。科技人才是提高自主创新能力的关键所在。我们要进一步营造鼓励创新的环境，努力造就世界一流科学家和科技领军人才，注重培养一线的创新人才，使全社会创新智慧竞相迸发，各方面创新人才大量涌现，形成强大的自主创新能力，支持我国经济社会发展实现到2020年进入创新型国家行列的目标。

## 三、转变经济发展方式

“促进国民经济又好又快发展，必须加快转变经济发展方式，推进经济结构调整，推动产业结构优化升级”，这是党的十七大报告提出的一个关系国民经济全局紧迫而重大的战略任务。自党的十四届五中全会确立实现经济增长方式根本性转变的战略方针以来，我国虽然已在这方面取得不少成效，但从总体上看，经济增长方式尚未实现根本性转变。近些年来，虽然经济增长速度在加快，但是增长方式粗放的问题仍没有得到根本转变，不仅资源、环境压力越来越大，影响经济健康发展，更重要的是，将制约经济的可持续发展及建设小康社会目标的顺利实现。十七大报告从我国的实际出发，将“经济增长方式”改为“转变经济发展方式”。这两个字的改动，寓意深远。经济增长方式是指“通过不同要素投入和技术组合获得经济增长的方法和模式”，强调的是提高经济增长效益；而经济发展方式除了涵盖前者的含义外，还对经济发展的战略、理念和途径等提出了更高要求，强调的不仅是“提高经济增长效益，还包括促进经济结构优化、经济增长与资源环境相协调、发展成果合理分配”等内容。提出转变经济发展方式，实质就是要求我们采用综合方法，加快形成实现经济社会全面协调可持续发展相一致的发展方式。

当前和今后一个时期，转变经济发展方式主要做到“两个坚持”和“三个转变”，即“坚持走中国特色新型工业化道路，坚持扩大国内需求特别是消费需求的方针，促进经济增长由主要依靠投资、出口拉动向依靠消费、投资、出口协调拉动转变，由主要依靠第二产业带动向依靠第一、第二、第三产业协同带动转变，由主要依靠增加物质资源消耗向主要依靠科技进步、劳动者素质提高、管理创新转变”。坚持走中国特色新型工业化道路，就是“要坚持以信息化带动工业化，以工业化促进信息化，走出一条科技含量高、经济效益好、资源消耗低、环境污染少、人力资源优势得到充分发挥的新型工业化路子”。

新型工业化道路是“以信息化带动的工业化，是以科技进步为动力、以提高经济效益和市场竞争力为中心的工业化，是同实施可持续发展战略相结合的工业化，是充分发挥我国人力资源优势的工业化”。走中国特色新型工业化道路，要抓住经济结构战略性调整，着力推进产业结构优化升级。党中央针对我国经济结构中存在的突出问题，作出了完善现代产业体系的战略部署，加快推进产业结构调整，为我们推进产业结构优化指明了方向。完善现代产业体系，要大力培育发展前景广阔、辐射带动力强、能源资源消耗低的战略性新兴产业，使之尽早成为国民经济的支柱产业和先导产业；提升高新技术产业，发展航空航天、生物、信息、新材料、海洋等产业；大力推进信息化与工业化融合，促进工业由大变强；提高服务业比重和水平，发展现代服务业；加快发展现代能源产业和综合运输体系，加强基础产业基础设施建设，逐步形成全面发展的产业格局。

转变经济发展方式的基本思路就是实现“三个转变”，经过多年努力，我们已经具备支撑经济又好又快发展的诸多有利条件，关键是要以科学发展观为指导，在转变经济发展方式上下工夫，按照“两个坚持”和“三个转变”的要求，努力开创科学发展的新局面。

## 四、建设社会主义新农村

统筹城乡发展，逐步改变城乡二元经济结构，建设社会主义新农村，是我们党从全面建设小康社会全局出发作出的重大决策。是新世纪新阶段解决“三农”问题的重大战略部署和新的基本途径。

农业、农村、农民问题关系党和国家事业发展全局。我们党领导的革命、建设和改革取得的伟大成就，都是同高度重视解决“三农”问题密不可分的。农业、农村、农民问题，是全面建设小康社会进程中的关键问题。农业丰则基础强，农民富则国家盛，农村稳则社会安。十六大以来，党中央多次强调要把解决好“三农”问题作为党的工作的重中之重，并提出了建设社会主义新农村的总要求，即“生产发展、生活宽裕、乡风文明、村容整洁、管理民主”。生产发展，是实现其他目标的物质基础，是新农村建设的中心环节。生活宽裕，是衡量我们工作的基本尺度，是新农村建设的目的。乡风文明，体现农村精神文明建设的要求，是农民素质的反映。村容整洁，是实现人与环境和谐发展的必然要求，是展现农村新貌的窗口。管理民主，显示了对农民群众政治权利的尊重和维护，是新农村建设的政治保证。这五句话内涵丰富，不仅勾画出了现代化农村的美好图景，而且提出了解决“三农”问题的系统思路。

党的十七大强调，统筹城乡发展，推进社会主义新农村建设，要把解决好“三农”问题始终作为全党工作的重中之重。建设社会主义新农村是一项系统工程，又是一项长期、艰巨、复杂的重大历史任务。要按照中央确定的工作总体要求，深入贯彻落实科学发展观，把统筹城乡发展作为全面建设小康社会的根本要求，把改善农村民生作为调整国民收入分配格局的重要内容，把扩大农村需求作为拉动内需的关键举措，把发展现代农业作为转变经济发展方式的重大任务，把建设社会主义新农村和推进城镇化作为保证经济平稳较快发展的持久动力，按照稳粮保供给、增收惠民生、改革促统筹、强基增后劲的基本思路，毫不松懈地抓好“三农”工作。要动员全党全社会关心农业、关注农村、关爱农民，积极支持和参与新农村建设，使建设社会主义新农村成为全党全国人民的共同行动。

## 五、统筹区域发展

区域经济是指一定区域范围内的经济活动。统筹区域发展，促进区域协调发展，缩小区域发展差距，是我国经济社会发展的一个重要原则。改革开放以来，各地区发展差距在不断扩大。缩小区域发展差距，统筹区域发展，不仅是经济问题，也是政治问题。关系着社会主义现代化建设的全局，也关系社会稳定和国家的长治久安。

我国区域经济的协调发展，主要是处理好沿海和内地的关系，东部和中西部的关系。要推动区域协调发展，逐步缩小差距，必须引导生产要素跨区域合理流动，注重实现基本公共服务均等化，这是我国未来相当长的时期内促进区域协调发展的基本途径和缩小区域发展差距的基本目标。

我国有近1/3的国土属于难以开发利用、不适宜人类居住和生产的空间。根据这一基本国情，十七大提出要加强国土规划，完善区域政策，调整经济布局。要按照环境的承载能力、现有开发基础和未来发展潜力，统筹考虑未来经济分布、人口分布、城镇化格局和国土利用，引导生产要素跨区域合理流动。我们要创造条件引导资金、技术等生产要素向中西部地区流动，引导中西部劳动力向经济相对集中的地区转移，增强中西部地区的经济实力。通过人口和生产要素的合理流动，促进区域协调发展，逐步缩小发展差距。

## 六、建设资源节约型、环境友好型社会

党的十六届五中全会从贯彻落实科学发展观、构建社会主义和谐社会的高度，提出了建设资源节约型、环境友好型社会的奋斗目标。这是继新世纪提出实施可持续发展的重大决策以来党对社会主义现代化建设规律认识的新飞跃，是统筹人与自然和谐发展和促进可持续发展的重大举措，是实现节约发展、清洁发展、安全发展的重要任务。

十七大报告进一步指出，“坚持节约资源和保护环境的基本国策，关系人民群众切身利益和中华民族生存发展，必须把建设资源节约型、环境友好型社会放在工业化、现代化发展战略的突出位置”。在规划2020年全面建设小康社会奋斗目标时，明确提出“建设生态文明的要求，基本形成节

约能源资源和保护生态环境的产业结构、增长方式、消费模式，使循环经济形成较大规模，生态环境质量明显改善，生态文明观念在全社会牢固树立”。这是深入贯彻落实科学发展观、实施可持续发展战略的需要，也是实现全面建设小康社会奋斗目标的需要。

资源节约型社会，是指“以能源资源高效率利用的方式进行生产、以节约的方式进行消费为根本特征的社会”。它“不仅体现了经济增长方式的转变，更是一种全新的社会发展模式，它要求在生产、流通、消费的各个领域，在经济社会发展的各个方面，以节约使用能源资源和提高能源资源利用效率为核心，以节能、节水、节材、节地、资源综合利用为重点，以尽可能小的资源消耗，获得尽可能大的经济和社会效益，从而保障经济社会的可持续发展”。

环境友好型社会，“是人与自然和谐发展的社会，通过人与自然的和谐来促进人与人、人与社会的和谐”。具体说来，它是“一种以人与自然和谐相处为目标，以环境承载能力为基础，以遵循自然规律为核心，以绿色科技为动力，坚持保护优先、开发有序，合理进行功能区划分，倡导环境文化和生态文明，追求经济、社会、环境协调发展的社会体系”。

建设资源节约型、环境友好型社会，必须要充分考虑资源支撑力、人口承载力、生态环境承受力，处理好人口增长、经济建设与生态环境保护、资源利用的关系，正确处理经济发展与人口、环境、资源的关系，统筹考虑当前发展和长远发展的需要，不断提高发展的质量和效益，走生产发展、生活富裕、生态良好的文明发展道路。为此必须转变关于发展的传统观念，“从重经济增长轻环境保护转变为保护环境与经济增长并重，在保护环境中求发展；从环境保护滞后于经济发展转变为环境保护与经济发展同步，努力做到不欠新账多还旧账，改变先污染后治理、边治理边破坏的状况；从主要用行政办法保护环境转变为综合运用法律、经济、技术和必要的行政办法解决环境问题”，自觉遵循经济规律和自然规律，提高环境保护工作水平。

保护生态环境，关系中华民族的长远发展。必须坚持保护环境的基本国策，充分认识保护生态环境的重要性，加大保护生态环境的力度，更加科学地利用自然为人们的生活和经济社会发展服务。

把祖国建设成经济繁荣、生态良好的美好家园，是每一个公民义不容辞的责任。要在全社会营造建设资源节约型、环境友好型社会的良好氛围，形成保护生态环境的良好风尚，推动整个社会走上生产发展、生活富裕、生态良好的文明发展道路。

## 第二节　解放思想与政治建设

党的十七大旗帜鲜明地强调建设有中国特色的社会主义，其中重要的内容就是建设有中国特色的民主政治，推进中国政治发展。新时期中国政治发展取得了快速的进步，但是在发展中存在的实际问题是不容忽视和必须解决的。解决这些问题，需要以解放思想为指导，开拓思路，实事求是，真正地推进中国政治建设。

### 一、建设中国特色社会主义政治的内容

建设中国特色社会主义政治的内容，包含以下主要内容。

首先，坚持人民民主专政的国体。我国宪法明确规定：“中华人民共和国是工人阶级领导的、以工农联盟为基础的人民民主专政的社会主义国家。”这一规定表明：人民民主专政是工人阶级（经过共产党）领导的、以工农联盟为基础的、对人民实行民主和对敌人实行专政的国家政权。正如毛泽东所说的，“对人民内部的民主方面和对反动派的专政方面，互相结合起来，就是人民民主专政”。人民民主专政是适合中国国情和革命传统的一种形式，具有鲜明的中国特色。

第一，从政权组成的阶级结构来看，在新民主主义革命时期及其向社会主义过渡的时期，参加国家政权的不仅有工人、农民和城市小资产阶级，在一定历史时期中还有民族资产阶级。进入社会主义以后，包括知识分子在内的工人阶级、占人口大多数的农民阶级、一切拥护社会主义和拥护祖国统一的爱国者，都属于人民的范畴，在最广大的人民内部实行民主，只对极少数人实行专政。

第二，从党派之间的关系看，实行共产党领导的多党合作和政治协商制度，这种新型的政党关系是国际共产主义运动史上一个成功的创造，也是我国政治制度中的一个特点和优点。

第三，从概念表述上看，人民民主专政的提法更全面、更明确地表示出人民民主和人民专政这两个相互联系的方面。

坚持人民民主专政，首先要坚持国家的一切权力属于人民，保证人民依照宪法和法律规定，通过各种形式和途径，管理国家事务，管理经济和文化事业，管理社会事务，保证人民当家做主。坚持人民民主专政，还必须充分履行国家政权的专政职能。任何国家要保持政权巩固和社会稳定发展，都要履行专政的职能。

其次，在政治体制上，实行人民代表大会制度。人民代表大会制度是中国人民当家做主的根本政治制度，是我国的政体。在我国实行人民代表大会制度，是我们党把马克思主义基本原理同中国具体实际相结合的伟大创造，是近代中国社会发展的必然选择，是中国共产党带领全国人民长期奋斗的重要成果，反映了全国各族人民的共同利益和愿望。人民代表大会制度是中国人民当家做主的根本途径和最高实现形式，也是党在国家政权中充分发扬民主，贯彻群众路线的最好实现形式。一方面，人民代表大会制度为中国人民当家做主提供了最好的组织形式。人民通过普遍的民主选举，产生自己的代表，组成各级人民代表大会，各级人民代表大会都对人民负责，受人民监督。各级人民代表大会及其常委会集体行使职权，集体决定问题，集中人民的共同意志，代表人民的根本利益。人民通过人民代表大会，把国家和民族的前途命运牢牢掌握在自己手中。另一方面，人民代表大会制度为国家机构高效运转提供了有力的制度保障。人民代表大会是国家权力机关，统一行使国家权力。国家行政机关、审判机关、检察机关由人民代表大会产生，对人民代表大会负责，受人民代表大会监督。国家机构的这种合理分工，既有利于充分发扬民主，又可以集中力量办大事，提高工作效率。

再次，在政党制度上，实行中国共产党领导的多党合作和政治协商制度。这是我国的一项基本政治制度，是马克思主义政党理论和统一战线学说与我国具体实际相结合的产物，是中国社会主义民主政治制度的重要组成部分。除中国共产党外，中国大陆目前还有八个民主党派。它们是：中国国民党革命委员会、中国民主同盟、中国民主建国会、中国民主促进会、中国农工民主党、中国致公党、九三学社和台湾民主自治同盟。共产党领导的多党合作和政治协商制度，是在中国人民反抗帝国主义、封建主义和官僚资本主义的革命斗争中形成的，是共产党和各民主党派及社会各界民主人士的共同选择。中国共产党的领导是多党合作的首要前提和根本保证。但这种领导是政治领导，即政治原则、政治方向和重大方针政策的领导。

我国的政党制度是一种社会主义的新型政党制度，与资本主义国家的政党制度根本不同。西方资本主义国家是建立在资本主义私有制基础之上，实行的两党制和多党制，实质是资产阶级利益集团之间的竞争反映。表面看来是不同政党“轮流执政”，实际上只不过是资产阶级的政权轮换，最后受益的不是广大人民群众而是资产阶级。我国的政党制度同社会主义国家国体的性质相适应，具有如下特征。第一，在我国的政党制度中，中国共产党是执政党，民主党派是参政党，不是在野党，更不是反对党。共产党领导、多党派合作，共产党执政、多党派参政，这是我国政党制度的显著特征。第二，中国共产党和各民主党派有着共同的根本利益和共同的目标，都以四项基本原则为共同准则，以实现不同时期根本任务为共同纲领，以建设中国特色社会主义为共同理想。第三，各民主党派都参与国家事务的管理，参加国家政权，参与国家方针、政策、法律、法规的制定和实行，参与国家大政方针和国家领导人选的协商。第四，中国共产党和各民主党派都以宪法为根本活动准则，都受到宪法的保护，享有宪法规定范围内的政治自由、组织独立和法律上的平等地位。

判断一个国家的政党制度究竟好不好，要从它的基本国情出发来认识，要从它的实践效果来分析。实践证明，中国共产党领导的多党合作和政治协商制度符合我国国情，能够把中国共产党领导和多党派合作有机结合起来，实现社会进步和国家稳定的统一，充满活力和富有效率的统一，广泛参与和集中领导的统一。我国经济社会发展和政治稳定的成就，充分彰显出我国政党制度的优越性。

另外，民族区域自治制度也是我国的一项基本政治制度，是我们党解决民族问题的基本政策。它体现了我国坚持实行民族平等、团结、合作和共同繁荣的原则，体现了民族因素与区域因素、政治因素与经济因素、历史因素与现实因素的统一。

党的十七大把基层群众自治制度纳入中国特色社会主义民主政治制度的基本范畴。基层民主是“我国工人、农民、知识分子和各阶层人士，在城乡基层、政权机关、企事业单位和基层自治组织中依法直接行使的民主权利，包括政治、经济、文化、教育等领域的民主权利，渗透到社会生活的各个方面，具有全体公民广泛和直接参与的特点”。它不仅是一种基层自治和民主管理制度，而且作为国家制度民主的具体化，是社会主义民主广泛而深刻的实践。

## 二、建设中国特色社会主义政治的原则

首先，坚持中国特色社会主义政治发展道路，关键是坚定不移地坚持党的领导、人民当家做主、依法治国的有机统一。党的十六大指出，发展社会主义民主政治，最根本的是要把坚持党的领导、人民当家做主和依法治国有机地统一起

来。这是我们党总结执政经验，对于社会主义政治建设得出的规律性认识，是推进政治文明建设必须遵循的基本方针。

中国共产党的领导是人民当家做主和依法治国的根本保证。邓小平早就指出：“我们人民的团结，社会的安定，民主的发展，国家的统一，都要靠党的领导。”只有坚持党的领导，人民当家做主和依法治国才能有可靠的保证，才能坚持我国民主发展的社会主义方向。发展社会主义民主政治，核心在于坚持党的领导，我们推进政治建设和政治体制改革，必须有利于增强党和国家的活力，坚持和改善党的领导，而决不能削弱党的领导。人民当家做主是社会主义民主政治的本质和核心要求，是社会主义政治文明建设的根本出发点和归宿。社会主义民主政治的本质是人民当家做主。共产党执政就是领导和支持人民当家做主。全面落实依法治国的基本方略，健全民主和法制，切实尊重和保障人民的政治、经济和文化权益，是社会主义民主政治建设的根本要求。依法治国是党领导人民治理国家的基本方略。人民民主、依法治国与党的领导是紧密联系、相互促进的。依法治国从制度上、法律上保证人民当家做主，保证党的执政地位。人民在党的领导下，依法治理国家，管理社会事务和经济文化事业，保障当家做主的各项权利，这是依法治国的实质。总之，党的领导、人民当家做主和依法治国统一于建设中国特色社会主义民主政治的伟大实践之中，绝不能把它们分割开来或对立起来。

其次，发展社会主义民主，健全社会主义法制，依法治国，建立社会主义法治国家，是建设中国特色社会主义的重要目标。依法治国就是广大人民群众在党的领导下，依照宪法和法律规定，通过各种途径和形式管理国家事务，管理经济文化事业，管理社会事务，保证国家各项工作都依法进行，逐步实现社会主义民主的制度化、法律化，使这种制度和法律不因领导人的改变而改变，不因领导人看法和注意力的改变而改变。依法治国的主体是党领导下的人民群众，也就是党领导人民实行依法治国。依法治国的客体是国家事务、经济文化事业和社会事务。依法治国就是要保证对所有这些事业、事务的管理工作都要依法进行。依法治国所依之法，最重要的是宪法和法律。我国宪法和法律体现了党的主张和人民利益、人民意志的统一。依法治国是社会文明进步的显著标志，是国家长治久安的重要保证。这是社会主义民主政治的基本要求，也是建设中国特色社会主义经济、政治、文化，构建和谐社会的必然要求。

最后，推进政治体制改革，需要借鉴人类政治文明有益成果，但绝不是照搬照抄西方政治制度模式。世界是丰富多彩的，没有也不可能有一种放之四海而皆准的政治制度模式。不能否认，社会主义民主政治同资本主义民主政治之间存在着某种联系。资本主义民主政治是在反对封建专制的过程中产生的，是一种历史进步。因此，它的某些观念、形式和方法，有我们吸收借鉴的地方。但吸收和借鉴应是有分析、有批判的，不能简单模仿、全盘照搬。邓小平指出："西方民主那一套我们不能照搬，中国的事情要根据自己的实际情况办。"江泽民也指出："世界上的民主，都是具体的、相对的，而不是抽象的、绝对的。"每个国家都有自己的历史传统和经济、社会发展的实际情况，民主应该适合自己的国情。如果我们照抄照搬西方的政治模式，就会偏离正确的方向，我们的现代化事业就不可能成功，政治体制改革也不可能成功。

## 第三节　解放思想与中国特色社会主义建设的其他方面

### 一、解放思想与改革开放

解放思想与改革开放有着内在联系。多年前，正是真理标准问题讨论，推动了全国性的思想解放运动，为我们党重新确立马克思主义思想路线奠定了理论基础，为我们国家迈向改革开放新时期作了思想准备，为我们党和国家坚持和发展中国特色社会主义提供了精神动力。解放思想是因，改革开放是果。改革开放的历史，也是解放思想的历史。多年来，我们理论上每一突破，体制上每一创新，战略上每一调整，事业上每一发展，都是在不断解放思想中取得的，都闪烁着解放思想的光芒。

今天，我们已经站在新的历史起点上。新的起点，意味着新的机遇、新的挑战。机遇前所未有，挑战前所未有。怎样抓住机遇，=应对挑战？十七大报告提出，继续解放思想，坚持改革开放。这一方面表明，解放思想是一个不断发展的过程，不可能一蹴而就，不可能一劳永逸。继续解放思想，既是一个具有普遍意义、朴素而永恒的马克思主义哲学的基本理论命题，更是一个引导人们不断认识新事物、适应新形势、完成新使命、具有很强现实针对性的思想武器。在新的历史起点上，抓住机遇需要继续解放思想，应对挑战需要继续解放思想，夺取全面建设小康社会新胜利、开创中国特色社会主义事业新局面需要继续解放思想。另一方面表明，思想是行动的先导，解放思想是改革开放的前提，解放思想、改革开放，首先是解放思想。只有继续解放思想，才能进一步深化改革开放，进一步统一改革开放思想，凝聚改革开放共识，坚定改革开放决心，坚持改革开放方向，不失时机地在一些重大领域和关键环节上实现新的突破，解决前进中的矛盾和问题。

解放思想和改革开放本质上是相通的。解放思想，是思想的变革、思想的开放，是“知”的改革开放，它要求转变思维方式，改造主观世界，实现理论创新；改革开放，是“行”的解放，它要求转变生产生活方式，改造客观世界，实现制度创新、实践创新。改革开放是动力，解放思想也是动力，一个是现实动力，一个是精神动力。

## 二、解放思想与科学发展

实践永无止境，解放思想永无止境。邓小平曾经指出："今后，在一切工作中要真正坚持实事求是，就必须继续解放思想。"多年前，我们解放思想，突破"两个凡是"的束缚，实现了全党全国工作重心的转移，从以阶级斗争为纲到以经济建设为中心，后来又实现了从计划经济到社会主义市场经济的转变，都强调"先发展起来"，由此开启了改革开放的历史新时期、新阶段，取得了举世瞩目的发展成就。今天我们要继续解放思想，就要高举中国特色社会主义伟大旗帜，以邓小平理论和"三个代表"重要思想为指导，深入贯彻落实科学发展观。中国特色社会主义，是我们党在改革开放和社会主义现代化建设历史时期一以贯之的理论主题和实践主题。解放思想、改革开放，科学发展、社会和谐，都围绕一个主题，贯穿一条红线，这就是中国特色社会主义。十七大报告指出："解放思想是发展中国特色社会主义的一大法宝，改革开放是发展中国特色社会主义的强大动力，科学发展、社会和谐是发展中国特色社会主义的基本要求。”离开中国特色社会主义，解放思想、改革开放就会迷失方向，就会走上歧途，也无法实现科学发展和社会和谐。多年来，解放思想的最大成果，是形成了中国特色社会主义；发展中国特色社会主义，还要继续解放思想；而继续解放思想，最根本的就是坚持中国特色社会主义道路和中国特色社会主义理论体系，深入贯彻落实科学发展观。

科学发展观是立足社会主义初级阶段基本国情，总结我国发展实践，借鉴国外发展经验，适应新的发展要求提出来的。它继承和发展了党的三代中央领导集体关于发展的主要思想，是中国特色社会主义理论体系的重要创新成果，科学地回答了什么是发展、为什么发展、怎样发展、发展为了谁、发展依靠谁、发展成果由谁享有等重大问题。十七大报告明确提出，科学发展观是“发展中国特色社会主义必须坚持和贯彻的重大战略思想”。在继续解放思想中，切实增强贯彻落实科学发展观的自觉性和坚定性，把全社会的发展积极性引导到科学发展上来，把科学发展观贯彻落实到经济社会发展各个方面，就是对邓小平理论和“三个代表”重要思想的最好坚持，就是对中国特色社会主义理论体系的最好实践。

社会和谐是中国特色社会主义的本质属性。科学发展和社会和谐是内在统一的。科学发展是前提，社会和谐是结果。事实已经证明并将继续证明，只有推动科学发展，才能促进社会和谐，没有科学发展就没有社会和谐，同样没有社会和谐也难以实现科学发展。科学发展、和谐社会，这是继续解放思想以及改革开放的指向之所在，也是党在新的历史起点上使命之所在。我们要把继续解放思想贯彻到改革开放之中，把继续解放思想、坚持改革开放落实到推动科学发展、促进社会和谐上来。并以推动科学发展、促进社会和谐的实际成效来衡量、判断是否真正做到了继续解放思想和坚持改革开放。

继续解放思想，就是永远不僵化、不迷信、不为过去的思维习惯所束缚，永远不因循守旧、不为传统的行为模式所局限，永远不安于现状、不为已有的经验、成绩而自满，并着力转变不适应、不符合科学发展的思想观念，解决影响和制约科学发展的突出问题，构建充满活力、富有效率、更加开放、有利于科学发展的机制体制。继续解放思想，就是牢固树立以人为本、全面协调可持续发展的理念，树立科学发展、和谐发展、和平发展的理念，树立社会主义经济、政治、文化、社会全面发展和人的全面发展的理念，树立社会主义民主法治、自由平等、公平正义的理念，树立科学执政、民主执政、依法执政的理念，树立生态文明的理念，等等。继续解放思想，就是大胆实践、大胆探索，勇于变革、勇于创新，着力把握发展规律，创新发展理念，转变发展方式，破解发展难题，提高发展质量和效益，实现又好又快发展，夺取全面建设小康社会新胜利，谱写人民群众美好生活新篇章。

## 三、解放思想与党的建设

《中国共产党章程》明确规定：中国共产党是中国工人阶级的先锋队，同时是中国人民和中华民族的先锋队，是中国特色社会主义事业的领导核心，代表中国先进生产力的发展要求，代表中国先进文化的前进方向，代表中国最广大人民的根本利益。党的最高理想和最终目标是实现共产主义。

政党是有阶级性的，任何政党都代表一定阶级的利益，都有着自己赖以存在和发展的阶级基础。中国共产党从成立之日起，就是中国工人阶级的政党，始终坚持工人阶级先锋队的性质。中国共产党同时是中国人民和中华民族的先锋队。也就是说，党必须始终代表中国人民和中华民族的根本利益，按照中国的实际和中国人民的意愿，艰苦奋斗，造福于祖国与人民，始终不愧为中国人民和中华民族的主心骨，能够把全民族、全社会的力量高度凝聚起来，为着共同的理想和目标而团结奋斗。“两个先锋队”是不可分割的辩证统一的整体。一方面，始终成为中国工人阶级的先锋队，是党真正成为中国人民和中华民族先锋队的政治前提，党只有成为中国工人阶级的先锋队，自觉做到以马克思主义为根本指导思想，以实现共产主义为最终奋斗目标，才能真正拥有当好中国人民和中华民族先锋队所必需的科学指南、政治远见和博大胸襟。另一方面，自觉成为中国人民和中华民族的先锋队，是党真正成为中国工人阶级先锋队的必然要求。党只有始终坚持代表全体人民和整个民族的利益要求，才能使工人阶级先锋队性质得以充分体现。改革开放以来，我国的社会阶层结构发生了新的变化，出现了新的社会阶层，党在工人、农民中发展党员的同时，也要注意吸收各个阶层的优秀分子。坚持党是中国工人阶级的先锋队，同时是中国人民和中华民族的先锋队，就能不断增强党的阶级基础，扩大党的群众基础，提高党在全社会的影响力，把全国各族人民紧密地团结在党的周围，完成历史和时代赋予党的庄严使命。

中国共产党的性质决定党的宗旨是全心全意为人民服务。中国共产党代表中国工人阶级的利益，同时代表着中国广大人民和整个中华民族的利益，党除了工人阶级和最广大人民群众的利益，没有自己特殊的利益。坚持全心全意为人民服务的宗旨，是坚持马克思主义唯物史观的根本要求。为了谁、依靠谁，是否始终站在最广大人民群众的立场上，是区分唯物史观和唯心史观的分水岭，也是判断马克思主义政党的试金石。人民群众是历史的创造者，是推动历史进步的动力。只有为人民服务，党才有存在的意义；只有依靠人民群众，党才会有力量。中国共产党从成立的那一天起，就把为人民服务作为自己的最高原则，把代表工人阶级和全国各族人民的利益，作为党的一切活动的出发点和落脚点。这是中国共产党区别于其他任何政党的显著标志之一。

一切从人民群众根本利益出发，全心全意为人民服务，是中国共产党的本质特征。立党为公、执政为民，是党的根本宗旨的体现。如何对待人民群众，是一个根本的立场问题。群众路线是中国共产党根本的政治路线和组织路线。中国革命和建设的历史经验反复证明，坚持党的群众路线，保持党与群众的密切联系，革命和建设的事业就前进、就胜利；违背党的群众路线，严重脱离群众，革命和建设就会遭受挫折甚至失败。在新时期，江泽民指出，中国共产党要代表中国最广大人民的根本利益。这就把党同人民群众的关系提高到了一个新的高度。胡锦涛指出：“只有深刻认识人民创造历史的伟力，真诚代表中国最广大人民的根本利益，一切为了人民，一切依靠人民，我们党才能得到人民的充分信赖和拥护，才能无往而不胜。”

中国共产党对于执政以后容易脱离群众的倾向始终有着高度的警惕。党中央强调指出，能否始终保持同人民群众的血肉联系，直接关系到党的生死存亡。从生死存亡的高度认识党群关系，具有十分重要的意义。中国共产党来自于人民，植根于人民，党的一切奋斗和工作都是为了造福人民。实现好、维护好、发展好最广大人民的根本利益，是党和国家一切工作的出发点和落脚点。随着改革开放的深入和市场经济的发展，不可避免地产生物质利益的多样化和不同的利益要求，作为执政党，面临的最根本的课题，是能不能始终代表最广大人民的根本利益，始终做到全心全意为人民服务。改革开放以来，以邓小平为核心的党的第二代中央领导集体，继续推进了党的建设这项伟大工程。邓小平提出了把我们党建设成为有战斗力的马克思主义政党，成为领导全国人民进行社会主义物质文明和精神文明建设的坚强核心的任务，强调要加强和改善党的领导，并紧密联系党的政治路线，进行党的思想、组织和作风等方面的建设。面向新世纪，以江泽民为核心的党的第三代中央领导集体，领导全党进一步推进党的建设新的伟大工程，强调要把党建设成为用邓小平理论武装起来、全心全意为人民服务、思想上政治上组织上完全巩固、能够经受住各种风险、始终走在时代前列、领导全国人民建设中国特色社会主义的马克思主义政党。以胡锦涛为总书记的党中央领导集体，在新的形势下，强调要坚持毛泽东提出的“两个务必”，提出加强党的执政能力建设和党的先进性建设，从而使党的建设的努力方向和检验标准更加鲜明，使我们党能够更好、更全面、更有成效地推进党的建设新的伟大工程。

以改革创新精神全面加强党的建设，是贯彻落实中国特色社会主义理论体系的重要内容，是坚持和发展中国特色社会主义理论体系的关键所在。在新的历史时期，坚持和发展中国特色社会主义理论体系，以改革创新精神全面推进党的建设新的伟大工程，必须继续解放思想，进一步提高党的执政能力，保持党的先进性。继续解放思想，首先要正确认识党的事业与党的建设的辩证统一关系，自觉坚持以中国特色社会主义理论体系指导党的事业和党的建设，并在全面推进党的事业和党的建设两个伟大工程中不断丰富发展中国特色社会主义理论体系。继续解放思想，关键是紧密联系新形势新任务，以改革的思路寻求加强和改进党的建设的新途径新办法，以创新的举措推动各项制度、机制和工作方式的健全和完善，把我们党建设成为始终坚持立党为公、执政为民，求真务实、改革创新，艰苦奋斗、清正廉洁，富有活力、团结和谐的马克思主义执政党，成为中国特色社会主义事业的坚强领导核心。

# 结 束 语

2012年5月16日，习近平在中共中央党校2012年春季学期第二批入学学员开学典礼上讲道：“领导干部一定要坚持解放思想，开拓进取，这是坚持实事求是的内在要求。”“实事求是永无止境，解放思想也永无止境。”为把改革开放和中国特色社会主义事业推向前进，在中国大地上要掀起新一轮思想解放高潮。

在新一轮思想解放的过程里，我们应该怎样做?

首先，解放思想要打破陈旧观念的束缚。新阶段的改革需要有新的超越。未来的改革与过去的改革相比，所面临的形势将更为复杂，涉及的范围将更广泛和深入。没有新的思想解放，改革很难顺利推进下去。

其次，解放思想要大胆突破过去的一些理论禁区。改革是前无古人的事业，不能、不敢讲新话，做新事，很难叫解放思想，也很难真正做到解放思想。在科学发展面前，我们需要打破存在于我们思想中，束缚我们思想的东西。只要有利于社会进步和人的发展，有利于促进生产力的发展，我们都应该大胆接受，大胆创造。

建设中国特色社会主义是一项全新的事业，没有现成的经验模式可寻。这就需要我们再一次冲破思想和理论的牢笼，从内心深处迸发出思想的火花，成为思想解放的先行者，坚定不移地把改革开放和建设有中国特色社会主义的伟大事业推向前进！